고려대
명강사

최고위과정 20기

고려대학교 미래교육원
명강사 25시

고려대 명강사

최고위과정 20기

구경희 , 김경학, 배명근, 배예랑, 신은주, 유병태, 유연서,
이두안, 이지현, 이치연, 장선옥, 정영신, 주양선 지음

나비의 활주로

유석훈 고려대학교 미래교육원장

안녕하세요. 고려대명강사최고위과정 20기가 17주간에 걸친 과정을 마치고 그 결과물인 '명강사 25시'를 출간하게 된 것을 축하드립니다.

현대 사회는 어느 한순간도 예측을 불허할 정도로 역동적인 변화를 보이고 있습니다. 전 지구적 역병의 수난이 끝나자마자 대두된 탈세계화deglobalization와 탈동조debuckling의 분위기는 그동안 우리가 인류 보편적이라고 믿고서 공유해왔던 상당수의 기준과 가치들을 일순간에 허물어트리는 결과를 초래하였습니다. 그 파급효과는 지구 곳곳에서 벌어지는 환경위기, 이상기후, 자유무역의 붕괴, 그리고 지역 간 첨예한 정치적, 종교적 갈등에서 비롯되는 분쟁 또는 전쟁으로 나타나고 있습니다. 이러한 예기치 못했던 현상들을 이해하기 위해서는 새로운 가치관의 정립이 필요합니다.

본 고려대명강사최고위과정은 지난 10여 년간 각 분야의 전문강사님들이 참여한 가운데 정교한 커리큘럼을 통하여 500명 가까운 예비 전문강사님들을 배출함으로써 고려대학교 미래교육원의

대표적인 프로그램으로 자리매김하였습니다. 이렇게 배출된 전문 강사님들은 인류사회 및 대한민국 사회 곳곳에서 대두되는 주요 현안들에 대한 치밀한 관찰과 정밀한 분석을 통하여 통찰력 있는 강의안으로 작성하여 수요자들에게 맞춤강의 형식으로 전달하는 매우 중차대한 역할을 해왔고 또 앞으로도 계속 해나갈 것입니다. '명강사 25시'는 이렇게 양성된 해당 기수 수료생들이 참여하여 집중적인 집필교육 및 연구를 통하여 완성된 매우 높은 수준의 결과물입니다.

　다시 한번 명강사 25시 출간을 위하여 애쓰신 서일정 대표강사님 이하 참여 집필자분들께 심심한 축하의 말씀을 드리고, 또한 우리 사회의 산재된 복잡한 문제들을 해결하는 데에 있어서 본 저서의 옥고들이 독자들에게 어둠을 밝혀주는 지혜의 빛이 될 것을 기대하며 축하의 글을 마칩니다.

2024. 12.

유석훈

이두안 원우회장

이 책은 고려대명강사최고위과정 20기 원우 13분의 아름다운 삶과 인생의 이야기를 담은 소중한 결실의 작품입니다. 각자 다른 환경에서 자라난 나무들이 한데 어우러져 울창한 숲을 이루듯, 이 책은 원우님들의 노력과 열정을 통해 탄생한 공동의 결실입니다.

배명근(아버지)과 배예랑(딸) '부녀' 원우님, 항암 치료 중에도 끝까지 열정을 보여주신 이지현 원우님, 오랜 공직 생활을 마무리한 후 새로운 도전을 시작한 유병태, 신은주 원우님의 이야기는 용기와 희망을 선사합니다. 함께한 시간들은 행복과 감동으로 가득했습니다.

이 책은 단순한 각자의 살아온 인생에 대한 스토리를 넘어 삶에 지혜와 교훈으로 가득 한 소중한 선물입니다.

이는 숲속에서 발견하는 숨겨진 길처럼 새로운 길을 제시하고, 마치 어둠 속에서 스스로 길을 밝혀 나가는 리더의 모습으로 변화와 성장의 빛을 비춰주었습니다. 특히 원우님이 쏟아낸 열정과 지혜는 깊고도 묵직한 울림으로 다가왔습니다. 이는 한 사람의 성공

이 아니라 함께 나아가는 협력의 가치와 성장하는 리더의 진정한
모습을 보여 주었습니다.

　이 책이 완성되기까지 서로 격려와 헌신으로 노력해준 모든 원
우님 덕분입니다. 아울러 열정과 배움의 길을 인도해주신 서일정
대표강사님, 힘듦을 내색도 하지 않고 늘 같이하면서 힘을 주신 조
영순, 이문재 운영강사님께 따뜻한 마음을 담아 진정으로 감사드
립니다. 아울러, 원우 13분의 글을 옥석같이 빛이 나게끔 노력해준
장선옥 공저회장님과 이치연, 배예랑 공저위원장님께 감사의 마
음을 전합니다.

　끝으로 이 책이 오래도록 많은 사람에게 지혜와 영감을 주기를
기원하며, 고려대명강사최고위과정 20기 원우회가 변함없이 가슴
따뜻한 명강사로 자리매김하길 진심으로 기원합니다.

2024. 12
이두안

CONTENTS

CHAPTER 1

구경만 하지 않는, "나는 능동적이며 실천하는 금융인이다!"

스티브 잡스의 "점을 이으면 선이 된다."는 말처럼,
매 순간 주어진 업무에 열정적으로 도전하고
최선을 다했던 점點들이 나에게 필요한 역량을 길러주었고
결국 오늘의 나를 이루는 선명한 선이 되었다.

구경희

Email okdream9@hanmail.net

학력 및 경력사항
- 고려대명강사최고위과정 20기 교육위원장 겸 재무국장
- KB국민은행 대출실행센터장(2022~현재)
- KB국민은행 강남역종합금융센터 지점장(2020~2021)
- 알토대(前헬싱키경제대) EMBA 석사
- 덕성여자대학교 경영학 학사

강의 분야
- 은퇴설계, 재무설계, 금융교육, 코칭/리더십

자격 사항
- 명강의명강사 1급
- 리더십지도사 1급
- 인성교육지도사 1급
- 스피치교육지도사 1급
- 부모상담지도사 1급
- 노인교육강사 1급
- 기업교육강사 1급
- 평생교육강사 1급

저서
- 고려대 명강사 25시(공저): 구경만 하지 않는,
  "나는 능동적이며 실천하는 금융인이다!"

들어가며

"나의 명석한 두뇌는 철저한 금융 지식으로

나의 맑은 눈은 예리한 관찰력으로

나의 정확한 입은 합리적인 설득력으로

나의 따뜻한 가슴은 뜨거운 정열로써

고객에게 최상의 서비스를 제공한다.

나에게는 할 수 있다는 용기가 있다.

나에게는 해내고야 말겠다는 신념이 있다.

나는 능동적이며 실천하는 금융인이다."

처음 입사하여 연수받던 시절 신입행원의 다짐문이자 나의 일
기장에 써놓은 글귀이다. 매일 새벽 연수생 전원이 운동장을 돌고

난 후 함께 외쳤고 이후로도 꽤 오랫동안 해가 바뀔 때마다 이 글을 업무수첩에 적었다. 입행 10주년 PB팀장이 되었을 땐 붓글씨로 써서 근무하는 VIP라운지에 걸어두기도 했다.

"나는 능동적이며 실천하는 금융인이다!"

그로부터 32년째, 나는 지금 KB국민은행 대출실행센터장이다. 내가 근무하는 사무실 300미터 앞에 고려대학교가 있어 점심 식사 후 직원들과 캠퍼스를 산책하기도 하고 교우회관에서 부서 직원들과 '단합의 밤' 행사를 하기도 했는데 올가을에는 4개월 과정의 '명강사최고위과정'을 신청해 듣고 있다.

입행 10주년에 붓글씨로 쓴 신입행원의 다짐문

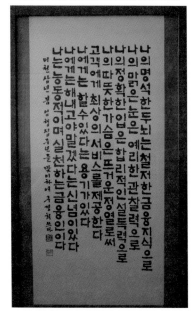

이유는 두 가지. 첫째는 오십이 넘은 후 어느 순간부터 말하다 보면 적합한 단어가 떠오르지 않거나 회의 도중 하려던 말의 길을 잃어 난감할 때가 한두 번이 아니었다. 심지어는 중언부언하고 어미가 흐려지는 경험까지. 무언가 돌파구를 찾아야 했다. 두 번째는 먼 곳에서도 학교에 다니는데 걸어서도 다닐 수 있는 좋은 배움의 장을 활용하고 싶었다. 그렇게 시작한 '명강사최고위과정'!

말을 조리 있게 할 수 있는 기회가 되리라 기대하며 가볍게 시작했던 과정의 끝은 각자 자신의 이야기를 써서 책 한 권을 완성하는 것이다. 덕분에 무슨 내용을 쓸지 고민하다 32년간의 내 경험을 바탕으로, 이제 사회 적응을 어느 정도 마치고 또 다른 커리어를 만들어 가는 후배들에게 들려주고 싶은 이야기를 해 보려 한다.

점을 이으면
선이 된다

나의 은행 생활 32년은 영업점과 본부부서 근무 경험이 반반이다. 영업점에서 고액자산가를 담당하는 PB^{Private Banker} 업무를 주로 했고, 본부부서에서 홍보실 아나운서와 영업점을 컨설팅하는 SM^{Sales Manager}으로 일했다. 부지점장급일 때는 퇴직연금사업부에서 기업체 대상 설명회, 영업점 직원 상담과 퇴직연금 상품을 관리하는 업무를 했다. 그리고 지금은 대출실행센터라는 조직의 리더이다.

그동안은 나의 이런 커리어에 스스로 '전공이 없다'는 생각을 많이 했다. 본부부서 근무라고 하면 보통은 누구는 '인사통' 누구는 '전략통' 이렇게 말하는데 나는 그런 전문 분야가 없다고 생각했다. 그런데 명강사최고위과정에 한 주 한 주 참여하면서 이런 생각에 변화가 찾아왔다. 늦게나마 나의 커리어에서 공통점을 발견하게 되었다.

사내 방송 아나운서: 20대, 도전의 시작

첫 발령지 무교지점에서 2년 차 때, 사내 방송을 하던 직원이 출산휴직하며 후임자를 뽑게 되었다. 은행 업무 이해도가 높은 직원을 기대하며 사내공모를 처음 도입했다. 나는 새내기 시절에도 인사만큼은 크고 밝게 잘하여 고객에게 칭찬카드를 자주 받는 직원이었는데 짓궂은 동료들이 얼굴 안 나오는 오디오 방송이니 지원해보라고 해 마지막 날 지원서를 넣고 서류, 필기시험, 아나운싱, 그리고 부장 면접을 거쳐 최종 합격했다.

방송 경험이 없었던 내가 '사내방송 공모 1기 아나운서'가 되었다. 부서 배치 후 은행 지원으로 중앙대학교와 KBS 협력의 '방송아나운서과정'을 6개월 동안 수강했다. 방송은 즐겁고 보람 있는 분야였으며, 나의 잠재력을 알아준 것에 보답하고자 최선을 다했다.

멀티플레이어! 당시 은행권 사내방송에서는 고객맞이 아침인사, 전산기기 장애 시 안내방송, 직원 대상 공지사항 정도가 대부분이었으나 우리는 다양한 프로그램을 자체 제작하는 유일한 곳이었다. 스스로 취재해 원고를 쓰고(뉴스만큼은 팀장님이 쓰셨다), 음악과 사연을 소개하는 DJ 역할도 했다. 신상품이 나오면 담당자를 인터뷰하고, 야외행사 시 현장 리포터가 되기도 했다. 1996년쯤 〈황인용의

FM모닝쇼)에서 직장인 대상 설문조사 결과를 소개하는 코너가 생겼는데 사내방송계 최강자인 우리에게 의뢰가 와서 첫 패널로 출연하는 행운을 잡았다.

본점 빌딩을 1층부터 꼭대기까지 종횡무진 누비며 직원 의견을 녹음해 소개하니 반응이 좋았고 한 번 출연 예정이던 것이 한 달쯤 이어졌다. 방송을 듣고 연락해 온 선배도 있어 방송의 힘을 실감했다. 출산휴직 전 3년간의 방송 경험은 나의 20대를 상징하는 중요한 도전이었고 내 커리어의 단단한 기반이 되었다.

SMSales Manager: 30대. 리더로의 첫걸음

결혼과 출산 후 1998년 영업점으로 복귀했을 즈음, 국민은행은 고액자산가를 위한 VIP 라운지를 만들고 고객관리 프로그램을 도입하고 있었다. 나는 예비 PB로서 고액자산가들을 집중 관리했는데 시행 초기라서 SMSales Manager이 지점에 와서 우리를 교육해 주었다. 강의와 지도해 주는 모습이 정말 멋져 보여 나도 언젠가 SM이 되겠다고 결심했다.

승격 후 자격을 갖추자마자 SM 공모에 지원했고 최연소 SM으로 합격했다. 자기소개 시간에 기억에 남을 수식어구를 넣으라는 선배의 조언에 따라 "구경만 하지 않는, 구경희입니다."라고 소개해 큰 박수를 받았다. 이 문구는 지금도 종종 사용하고 있다.

SM은 영업점의 성과를 높이는 컨설턴트 역할로, 직원들과 함께 일하면서 상담 태도와 영업 방식을 관찰하고 저녁에는 성공/실패 사례를 공유한다. 매일 아침, 전날 미팅 내용을 요약하고 오늘의 목표를 설정하며 활기찬 하루를 시작하는데 일상적인 영업활동에 대한 코칭은 기본이고 지점장께 직원의 불만을 전달할 때도 있고, 협업이 잘 안 되는 직원에게는 남이 보는 나를 생각하게 하면서 소통을 통한 분위기 좋은 지점, 성과가 향상되는 지점을 만들기 위해 함께 고민하고 실천하는 역할을 했다.

3년 반 동안의 SM 활동은 리더를 향한 첫걸음으로 소통과 코칭을 경험해 본 값진 시간이었으며 현재 대출실행센터장으로서 조직을 이끄는데 든든한 밑거름이 되었다.

PB Private Banker : 30대 후반, 진정성의 힘

SM으로 쌓아온 경험을 드디어 실전에서 발휘할 기회가 왔다. 2008년 발산역 지점의 PB가 되었다. 주 고객은 강서송도시니어스타워(실버타운)에 계신 어르신들로 당시엔 실버타운이 드물어 명예와 재력을 모두 갖춘 분들이었다. 고객에게 인기 있던 나의 리즈(전성기) 시절을 꼽으라면 30대 후반, 이때일 것 같다. 둥글둥글한 얼굴에 항상 밝게 웃던 나를 어르신들은 정말 좋아해주셨다.

많은 실버타운 고객은 자녀에게 증여할지 또는 돈이 힘이라며 자산을 직접 갖고 있어야 할지 사이에 고민이 많았다. 지금이라면 살아생전에는 가입한 분이 노후생활 자금으로 사용하고 사망 시에는 작성해 둔 유언서대로 집행되도록 하는 유언대용신탁을 제안했겠지만, 그때는 주로 보험 상품을 권유하곤 했다. 5남매를 둔 70대 후반의 여성 어르신께서 건물을 처분한 고액 자금을 상담하셨는데 자녀들의 안정적인 노후와 절세를 고려해 연금보험을 제안했다. 계약자는 고객, 피보험자는 자녀, 수익자는 고객. 고객께서 매월 연금을 받으시고 고객이 돌아가시면 계약자를 자녀로 변경해 자녀가 평생 연금을 타는 플랜이었다.

어르신의 가입 결정에 피보험자인 아드님은 친구가 일하는 보험사에서 가입하겠다고 했다. 은행에서 가입하는 보험상품이 더욱 합리적인 수수료 구조로, 장기적으로 볼 때 재무적 이익이 더 크다는 점과 앞으로 필요시마다 상담과 서비스를 받을 수 있다는 점을 부각하며 나는 어르신과 아드님을 설득했다. 이 문제로 고민하던 어르신은 병원에 입원까지 하게 됐다. 그러던 어느 날, 혼자 병문안을 가셨던 지점장님께 어르신은 "PB팀장이 그동안 자식보다 더 마음을 챙겨줘서 은행에서 가입하겠다."고 말씀하셨다. 지점장님은 그 이야기를 다음 날 전 직원이 참석한 아침 회의에서 전하며 감정이 벅차오르셨다. 포기하고 싶을 만큼 힘든 상황에서 지점장님의 가능성과 방향 제시 덕분에 난 계속 추진할 수 있었다. 혼자라면 불가능했을 일이다.

이 경험을 통해 사람의 마음을 움직이는 가장 강력한 무기는 진심이라는 것을 깨달았다. 고객의 숨겨진 니즈를 헤아리고 진심으로 다가가니, 진정성은 성과로 열매를 맺었다.

퇴직연금사업부 중간관리자: 40대. 성취와 절망

실버타운 어르신들과 4년간 행복하게 지낸 후 부지점장으로 승격했고, 퇴직연금사업부에 도전해 5년간 일했다. 첫 일 년은 기업체를 방문해 퇴직연금 상담 및 설명회를 하고, KB국민은행이 선정되도록 경쟁 프레젠테이션도 진행했다. 이후 업무상담팀장이 되어 영업점 직원을 상담하는 팀을 맡았는데, 2005년에 도입된 퇴직연금 제도는 복잡하고 어려워 상담팀 인력 10여 명이 전국 1천여 개 점포를 응대하는 상황에서 항상 전화 연결 문제와 불만이 있었다. 이에 〈실시간 Q&A〉 시스템을 제안했고 여러 가지 이유로 반대가 많았지만 고심 끝에 실행에 옮겼다. 팀원 중 빛의 속도로 매뉴얼에서 답을 찾아주는 적임자 덕분에 오래지 않아 안정됐고 부장님께서는 "역시 영업 현장 경험이 필요해."라고 칭찬해 주셨다. 지금도 홈페이지에서 운영되고 있는 〈실시간 Q&A〉를 보면 뿌듯함을 느낀다.

5년 차에는 내 인생에서 가장 큰 시련을 겪었다. 업무상담팀장에 이어 상품팀장을 맡아 퇴직연금 펀드 및 정기예금 등 상품을 관리하는 업무를 했다. 그해 〈퇴직연금 감독규정〉 변경으로 금융기관 간 정기예금 한도가 제한되었고, 내부 법률적 검토가 길어지는 상황 속에 영업점과 고객에게 필요한 조치를 촉박하게 진행하면서 영업점으로부터 항의가 빗발치는 등 매우 긴박하고 혼란스러운 시기였다. 새벽에 퇴근하고 주말에도 출근하는 고된 일상이 이어지면서 아침에 눈을 뜨면 눈가에 눈물이 맺혔다. 육체적인 피로보다 정신적인 압박이 더 견디기 어려웠다. 모든 것을 내려놓고 퇴직하고 싶은 마음도 들었지만, 지금은 그만둘 수 없다는 책임감과 '이 또한 지나가리라'라는 위로로 하루하루를 견뎌냈고 안정을 되찾은 후 영업점으로 변화를 선택했다.

이 경험은 성장을 위한 발판이 되었고 이제는 상처가 아물어 배움으로 남았다. 스스로 초라하고 아무것도 할 수 없을 것 같은 순간에도 그것이 나의 모든 가능성을 부정하는 것이 아니며 모든 걸 잘할 수 없을 뿐, 다른 일에서는 충분히 잘해낼 수 있다는 가능성을 믿고 자신에 대한 존중과 자존감을 되찾아야 한다. 성취감과 절망을 모두 맛보며 좌절 속에서도 견뎌냈기에 오늘이 있다. 본부부서의 철저한 준비가 영업점의 업무 효율성을 높이는 데 얼마나 중요한지 깊이 깨달았기에 이를 교훈 삼아 영업점을 지원하는 부서의 책임자로서 직원들에게 강조하고 있다.

〈KB국민은행: IRP적립금액 14년 연속 1위, 수익률 은행권 1위〉 신문의 퇴직연금 기사를 보며 보람과 자부심을 느낀다.

점포장을 거쳐 대출실행센터장으로: 50대. 함께 성장하는 리더

성취감과 절망을 겪으며 퇴직연금사업부에서 강서지점 PB로 환경과 업무의 변화를 맞은 나는 빠른 속도로 회복탄력성을 키워갔고 3년 후 마침내 '은행원의 꽃'이라 불리는 지점장이 되었다. 강남역종합금융센터 직할지점장으로 20명 넘는 직원과 첫해에는 전국 최하위 성과를 경험했지만, 이듬해에는 전국 1위를 달성하며 수상소감을 전하는 영광의 순간을 맞았다. 이후 현재의 대출실행센터에서 120명 넘는 직원과 우여곡절 속에 보람과 성취를 느끼며 3년 차를 보내고 있다.

나는 직원 이름을 모두 외우고 매일 눈 맞춤 인사를 한다. 이를 가식적으로 여기는 직원도 있어 대학 시절의 에피소드를 들려주었는데 단체 미팅 나가면 싫은 남학생이 없었다는 이야기이다. 잘생겨서, 유머가 있어서, 아는 게 많아서 등등. 나는 비교적 장점을 먼저 보고 크게 생각하는데, 이것이 나의 강점이자 많은 직원 속에서 잘 지내는 힘이라고 생각한다.

우리 부서의 자랑은 '칭찬'과 '연수'다. KB국민은행의 〈칭찬시스템〉은 분기마다 직원들에게 10만 원 상당의 칭찬코인을 지급하고, 이를 동료를 칭찬하는 데 사용할 수 있다. 연말에는 적립된 칭찬코인을 KB금융 주식으로 제공하며 직원들의 참여를 독려한다. 우리 부서는 코인을 다 쓴 사람을 일컫는 '프로칭찬러'가 과반수 이상일 정도로 칭찬하는 문화가 정착되었고, 나도 적시성 있고 구체적인 칭찬으로 직원들의 성장을 돕는다.

반복 업무에 대한 권태감을 방지하고자 프로모션도 하고 자율

학습조직을 지원해 최고의 성과를 거두었다. 본부부서이지만 월별 포상과 소소한 간식 이벤트, 그리고 회식을 부담스러워하는 직원을 위해 모두가 즐길 수 있는 게임 시간을 마련해 웃음을 나누었다.

센터장으로서 지금의 역할은 그간 경험한 소통과 코칭, 리더십의 종합편이다. 직원들의 성장을 지지하며 진심으로 다가가는 리더로서, 앞으로도 함께 목표를 이루어나가고자 한다.

점을 이으면 선이 된다

이러한 나의 커리어에서 찾은 공통점은 '소통을 통한 성장'이라는 점이다. 사내 방송 아나운서로 멀티플레이 경험은 도전 의식을, SM으로서 고객 및 직원 간 소통의 중요성을 그리고 PB로서 고객

2022년 올해의PG 대상 수상 소감(2021년 성과)

을 진심으로 대하는 진정성을 깨달았다. 퇴직연금사업부에서 중간관리자로서 시야를 넓히고 조직적 준비의 중요성을 배웠으며 현재는 대출실행센터장으로서 그동안 쌓아온 모든 경험을 바탕으로 조직을 이끌어 가고 있다.

스티브 잡스의 "점을 이으면 선이 된다."는 말처럼, 매 순간 주어진 업무에 열정적으로 도전하고 최선을 다했던 점點들이 나에게 필요한 역량을 길러주었고 결국 오늘의 나를 이루는 선명한 선이 되었다.

최고의 복지는 동료다

    요즘 취업 준비생들은 급여뿐 아니라 성장의 기회를 제공하는 기업에 관심이 많다. 넷플릭스가 사내문화 '최복동'을 강조하는데 '최고의 복지는 동료'의 줄임말로, 자신의 회사에 오면 최고의 동료와 함께 성장한다는 점을 홍보하는 것이다. 좋은 동료란 인성과 업무 능력을 겸비해 서로 발전을 돕는 사람이다.

    KB국민은행은 '직원 성장을 돕는 리더'를 양성하기 위해 소통, 코칭, 올바른 평가와 피드백에 관해 다양한 교육을 제공하는데 나는 배운 내용을 현장에서 적극 적용해 보려고 한다. 과거 직원의 장단점을 명확히 짚어주는 SM 선배는 자신에 대한 호불호 평가를 알면서도 주어진 미션이라고 생각하고 묵묵히 이어갔다. 10명 중 한 명에게라도 도움이 된다면 충분히 가치 있는 일이라며 실천하던 그 선배의 모습이 정말 멋있었고 나 역시 그 생각에 깊이 공감하기 때문이다. 소통과 관련된 경험과 나의 '최복동'을 소개하려고 한다.

코칭의 울림

발산역 지점에서 PB로 근무하던 시절, 지점장님으로부터 받은 피드백은 지금까지도 잊히지 않고 내 행동을 돌아보게 한다.

첫 번째는 전화 목소리에 관한 것으로 고객이 앞에 있을 때 전화가 오면 다급하게 받는 경향이 있다는 것이다. 고객을 빨리 응대하려는 마음에서 비롯된 것이었지만, 전화한 상대방에게는 불편할 수 있다는 것이다. 두 번째는 의견 충돌 시의 태도였다. 의견이 맞지 않을 때 상대방보다 목소리를 높이는 경향이 있다는 지적이었는데 처음엔 인정하기 어려웠지만 곧 돌아보며 수긍하게 됐다.

이 두 가지 피드백은 미처 몰랐던 내 모습을 돌아보게 해주었다. 16년이 지난 지금까지도 가끔 떠올라 '천천히! 톤을 낮추어!'로 나의 태도와 목소리 톤을 점검해보곤 한다. 이렇듯 오래도록 잊히지 않는 코칭의 울림을 내 동료에게도 주고자 한다.

마침, 고려대명강사최고위과정 조관일 강사님의 책 『한 템포 늦게 말하기』의 내용이 내 얘기 같아 새겨본다. ①타이밍(말하기를 한 템포 늦춰라) ②스피드(천천히, 생각하며 말하라) ③심리적 안정감(느긋한 태도로 말하라) ④말투(톤을 누그러뜨려라) ⑤목소리(목소리를 낮추어라) ⑥

실수로부터의 배움

면담 과정에서 겪었던 실패 사례가 있다. 건강이 악화된 젊은 직원과 면담 도중 나는 그와 함께 눈물을 흘리며 공감했고, 계속 근무 가능 여부와 휴직 필요성 등 여러 질문과 조언을 했다. 며칠 뒤 내가 그 직원에게 퇴직을 권유했다는 소문이 들려왔다. 청천벽력 같은 소리로 곧 오해는 풀렸지만, 나에게 큰 깨달음을 주었다.

리더의 말은 의도와 다르게 무겁게 다가갈 수 있음을 배웠다. 충분히 공감한 후에는 그저 도움이 필요하면 언제든 말하라는 정도에서 멈추어야 했다. 나의 조언이 상대방에게는 '계속 근무할 수 없는 직원으로 생각하나?' 오히려 불안감을 느끼게 할 수 있다. 소통은 신뢰가 바탕이 되어야 하는데 신뢰는 상대의 이야기를 듣고 공감하는 것으로 만들어 간다.

나는 주기적인 면담뿐만 아니라 평소에도 직원의 의견을 자주 듣고자 노력하는데 의견만 듣고 요청은 반영되지 않는다는 '새로운 불만'이 생기기도 한다. 그럴 때 동료 부장의 말이 나를 자유롭게 해주었다. "소통이란 원하는 것을 모두 해주는 것이 아니라, 의견을 충분히 들어주는 것만으로도 의미가 있다." 소통의 본질은 상대의 의견을 이해하고 공감하는 것으로, 나의 이런 노력만으로도 충분한 가치가 있다고 믿으며 계속하고 있다.

나의 '최복동!'

퇴직연금사업부에서 5년을 근무하고 2017년 영업점으로 이동했다. 그해 대규모 명예퇴직으로 두 명이 하던 VIP 라운지 업무를 나 혼자 맡게 되었고, 5년 만에 혼자 고객 상담과 전산 업무를 모두 처리하는 것이 매우 힘들었다. 어느 날, 대안학교 교장선생님이 출금 요청을 했는데, 출금 내용이 통장에 나오도록 요청한 부분을 누락해 재처리했다. 그러자 교장선생님은 지점장실로 가서서 나를 다른 영업점으로 보내 달라고 요청하셨다. 이유는 세 가지였다. 첫째, 업무가 미숙하다. 둘째, 전임자가 해 주었던 업무를 해 주지 않는다. 셋째, 목소리가 커 밖에서 웃음소리가 들린다.

지점장님은 이에 대해 첫째, 이 직원은 오랜만에 영업점 업무로 실수가 있었지만, 과거 영업점에서 잘했던 직원이니 개선될 것이며 둘째, 전임자가 관행상 해드렸던 업무이지만 원칙적으로 어렵다. 셋째, 이 직원은 영업점 분위기를 밝게 하려다 보니 목소리가 커진 것으로 주의시키겠다. 그러나 우리 직원을 전보 발령 낼 수는 없으니 고객님을 다른 창구에서 전담하여 모시겠다고 덧붙였다.

솔로몬의 지혜 같은 해결책과 직원을 믿어 준 지점장님의 기대에 부응하기 위해 나는 최선을 다했고, 리더의 전폭적인 신뢰가 직원을 열정적으로 일하게 하는 원동력임을 절감했다. 유니클로의 '내부 고객이 먼저'라는 철학에 공감한다. 나도 우리 대출실행센터 직원이 만족해야 우리가 응대하는 KB국민은행의 영업점 직원이

만족할 수 있다고 믿으며 이를 실천하고자 한다. 기업금융 전문가였던 지점장님과 늘 내게 "혼자서 고생한다.", "대단하다."라며 힘든 일이 있으면 언제든 자신을 부르라고 했던 동료 팀장은 나에게 잊을 수 없는 고마운 '최복동'이었다. 그들의 신뢰와 응원 덕분에 오늘의 내가 있고, 나 또한 동료들에게 그런 존재가 되기를 바란다.

아이는 부모의
등을 보고 자란다

여성 후배가 워킹맘으로서 선배 이야기가 궁금하다고 물었다. 내게도 당연히 워킹맘으로 힘든 순간이 수없이 많았다. 감기로 병원에 다녀온다고 아빠 품에 안겨 나갔던 세 살배기 큰딸이 당장 입원해야 한다며 돌아오지 못했던 날, 마치 내가 직장 다니느라 아이를 제대로 돌보지 못한 탓인 것 같아 펑펑 울었던 기억. (지금 생각하면 아무것도 아니지만)

시부모님께서 아이를 돌봐주셨는데 시아버님의 위암 진단으로 다른 친척분께 맡겨야 했던 순간 그리고 준비물과 과제를 챙겨줘야 하는 엄마의 손이 절실한 초등학교 입학 시기까지 워킹맘으로 계속해 나갈 수 있을지 고민은 늘 있었다. 그러나 그런 시간을 견뎌내고 나면 더 나은 날들이 찾아오고 결국 그 경험을 바탕으로 성장하여 리더의 자리까지 올 수 있음을 후배들에게 꼭 말해주고 싶다. 각자의 상황과 선택이 다르지만 먼저 퇴직했던 선배와 친구들로부터 힘들었던 그 순간만 넘겼더라면 하는 아쉬움을 듣곤 한다.

일과 가정의 균형을 맞추는 일은 결코 쉽지 않았지만, 워킹맘으로서 내가 얻은 경험과 깨달음이 후배들에게 조금이나마 도움이 되었으면 한다.

선택의 갈림길

2002년 월드컵 당시 지점장님은 직원들에게 단체로 한강 둔치로 응원하러 가자고 했다. 하지만 아이를 돌봐주시던 시부모님 사정으로 참석이 어려워 팀장에게 양해를 구했더니 지점장님은 따로 나를 불러 선배가 불참하면 후배들이 어떻게 보겠냐며 질책하셨다. 지점장님은 경조사와 회식 등 전원 참석을 중요하게 여기며 불참하거나 중간에 빠진 사람은 기억하는 분으로 직원들 사이에서 평판이 좋은 분이었기에 그 질책은 더 무겁게 느껴졌다.

워킹맘으로서 육체적 정신적 피로에 책임감까지 더해져 그때는 정말 힘들었다. 하지만 내가 리더가 된 후에는 그때 지점장님의 뜻을 조금 더 이해할 수 있다. 선배가 솔선수범하는 것이 조직 내에서 중요하다는 점 그리고 전원 참석을 통해 의기투합하는 모습이 분위기 좋은 조직을 만들어 줄 수 있다는 기대를 공감하게 된 것이다.

하지만 그 기대가 현실적인 것은 아니다. 지금의 리더들은 자율성과 개인의 사정을 존중해 주는 방향으로 변화하고 있다. 이제는 워킹맘이나 직원들이 요구받는 기대와 선택의 갈림길에서 스스로 과감히 결정을 내리고, 그 결정을 명확히 표현하는 용기가 필요하다고 생각한다. 나 역시 당시의 경험을 통해 말하지 않고 속앓이하기보다는 솔직히 의사를 표현하는 것이 훨씬 낫다고 생각한다.

그래서 지금은 직원들이 자신의 상황에 맞는 선택을 편안하게 할 수 있도록 존중하면서도 자발적 참여를 유도할 방법을 고민하며 실천해 나가고 있다.

아이는 부모의 등을 보고 자란다

은행원으로서 입사가 끝이 아니라 시작이었다. 매년 실시하는 은행실무종합과정 시험부터 자격증 시험, 보수교육까지 끝없는 학습이 이어진다. 2008년에는 회사 지원으로 알토대(前 헬싱키경제대) EMBA 과정을 다닐 수 있는 행운을 얻었는데 주말마다 수업과 시험이 있었고, 정말 치열하게 공부했던 시간으로 기억한다.

그 당시 딸은 "엄마 뭐 하고 계시니?"라는 질문을 받으면 언제나 "시험공부 해요."라고 대답했다. 아이는 부모의 등을 보고 자란다고 한다. 딸들과 충분히 놀아주지 못했지만, 대신 내가 공부하며 노력하는 모습을 보여주는 것이 배움을 주고 있다고 믿었다. 둘째 딸이 대학 입시를 준비하던 해, 나는 지점장이 되기 위한 목표를 세웠고 첫째 딸은 회계사 시험 준비, 남편 역시 직장에서 바쁜 시기를 보내고 있었다. 그래서 연초에 가족회의를 열었다. "올해는 우리 가족 모두에게 중요한 해니까 각자 잘하자. 도움이 필요하면 요청하고, 그땐 적극 도와주자."

그날의 회의가 인상적이었는지 이후 우리 가족의 가훈을 '각자도생'이라고 말한다. 그해 해피엔딩으로 나도 둘째도 목표를 달성했다. 둘째 딸은 오히려 엄카(엄마 카드)로 맛있는 걸 사 먹으며 고3 생활을 즐길 수 있었다고 한다. 내가 일하느라 잘 챙겨주지 못해 미안하다고 하면 아이들은 오히려 일하는 엄마가 더 좋았다고, 그렇지 않았다면 시시콜콜 간섭받으며 더 힘들었을 것 같다고 말한다. 지금 두 딸은 취준생이다. 잔소리가 나올 많은 순간에 나는 딸들을 내 아이가 아닌 '고객님의 자녀'로 생각하며 '각자도생'을 떠올린다.

"100세 시대에는 스스로 하고 싶은 일을 찾는 것이 무엇보다 중요하니 조급함보다 묵묵히 기다려 주세요. 각자의 길이 있고 건강하면 뭐든지 할 수 있잖아요."

고객님께 드릴 말씀을 나 자신에게 새기며 딸들과 긍정적인 관계를 유지하려 노력한다. 나의 '각자도생'은 스스로 책임지고 해내는 자립심을 키워주는 것이었다.

아이의 롤모델

딸들이 초등학교 다닐 때, 발산역 지점에서 PB로 근무했다. 우리 집에서 가까운 거리라 어느 날 두 딸이 독감 예방 주사를 맞기 위해 퇴근 무렵 사무실로 찾아왔고, 고객 상담이 늦어져 내가 일하는 모습을 대기실에서 보게 되었다. 근사한 VIP 라운지에서 당당하고 자신감 있게 고객과 웃으며 일하는 엄마의 모습은 아이들에게 큰 인상을 남겼고, 그날부터 내가 아이들의 롤모델이 되었다고 한다.

집이 가깝다 보니 지점 근처 식당에서 외식하던 어느 날, 식당 사장님은 큰 목소리로 인사하는 딸에게 "엄마 닮아 참 친절하구나!"라고 칭찬했는데 딸이 "우리 엄마가 친절해요?"라고 물어 모두 크게 웃었던 일이 있었다. 딸에게 사무실에서의 내 모습이 집에서와는 사뭇 다르게 훨씬 더 멋진 엄마로 비쳤던 것 같다.

열심히 일하는 부모의 모습을 보여주는 것이 아이들에게 긍정적인 영향을 준다는 것에 많은 동료들도 공감한다. 워킹맘이 대세인 지금 일과 가정을 모두 완벽하게 잘해 내려는 부담을 내려놓고 각자의 상황에 맞게 균형을 맞춰 나가되 먼저 자신을 돌봐야 함을 잊지 말아야 한다.

출근 전 사무실 앞 카페에서 독서로 자신의 시간을 갖는 워킹맘 후배가 눈부시게 아름답다.

끝나지 않을
나의 이야기

나의 이야기를 마무리하며, 내가 걸어온 길이 마치 고생 없이 꽃길로만 이어져 온 것처럼 보일까 싶지만 내 여정이 순탄했던 것만은 아니다. 2008년과 2017년, 영업점으로 이동할 때마다 서브프라임모기지 사태와 홍콩H지수 급락으로 PB였던 내게 힘든 시간이었고 중간관리자 때는 번아웃되어 힘든 날들도 있었다. 진부한 듯하지만 힘들 때는 위로를, 좋을 때는 겸손함을 주는 명언 '이 또한 지나가리라!'. 이 위로에 힘을 받고 새로운 환경과 업무 속에 회복탄력성을 키워가며 하루하루를 살아냈기에 모든 여정을 회고하며 스스로를 칭찬할 수 있는 날이 찾아왔다.

힘든 순간 우리는 혼자가 아니다. 최고의 복지인 동료에게 도움을 청하자.

젊음을 유지하고 계속 앞으로 나아가는 가장 좋은 방법은 새로움을 배우는 일이라고 한다. 20대와 30대에는 방송 아카데미와 MBA를 통해 새로운 도전에 뛰어들었고, 40대 중간관리자 시절에는 업무에 매진하느라 여유를 잃기도 했다. 50대가 된 지금 가벼운 마음으로 시작한 '고려대명강사최고위과정'을 통해 배움의 즐거움도 좋았지만 내 커리어를 차근차근 돌아보며 그동안의 점들이 오늘의 나라는 선이 되었다는 것을 깨달은 것이 큰 행복이다.

지금 이 순간이 미래의 나로 이어진다고 생각하니 매 순간 더 즐겁고 몰입도가 높아진다. 특히 이번 책 쓰기 경험은 나에게 또 하나의 성장을 선물해 주었다. 이번 기회로 필사를 통해 저자의 통찰

고려대명강사최고위과정 수업 중

을 손끝으로 느끼고 그 과정에서 나의 생각들을 정리하며 깨달음을 더해 가려고 한다. 새로운 배움과 도전을 통해 나의 이야기는 계속 이어질 것이다.

모두가 나를 성장시켜 준 KB국민은행에서 지원해 준 연수 프로그램이다. 정말 감사하다.

신입행원의 외침처럼 구경만 하지 않는 나는, 여전히 능동적이며 실천하는 금융인이다!

CHAPTER 2

썸남, 썸녀보다
매력적인 ETF

노후 준비는 가능한 한 빨리할수록 좋다.
내가 그러했듯 40세 이전부터 준비하는 것이 좋다.
틈틈이 자본시장과 금융투자상품에 대해
많이 공부하시기 바란다.

김 경 학

Mobile 010-2203-9546
Email kimkh9546@gmail.com

학력 및 경력사항
- 고려대명강사최고위과정 20기 사무총장
- 현) 한국거래소 금융교육 전임교수
- 전) 한국거래소 주식, 파생상품, ETF, 시장감시 부서장
- 전) 캄보디아 증권거래소 부이사장
- 미 Vanderbilt대 로스쿨 LL.M(석사)
- 숭실대 법학박사(수료)

강의 분야
- 금융, ETF를 활용한 노후자산운용, 은퇴설계

자격 사항
- 명강의명강사 1급
- 리더십지도사 1급
- 평생교육강사 1급
- 기업교육강사 1급

수상 내역
- 2003년 금융감독원장상(증권사 불공정거래 예방 시스템 구축 업무 유공)
- 2009년 금융위원장상(ETF시장 발전 공로)

저서
- 고려대 명강사 25시(공저): 썸남, 썸녀보다 매력적인 ETF(2024)

쓱 하고 싹 배우는
금융 이야기

우리는 일상을 살아가면서 본인이 느끼든 느끼지 못하든 수시로 금융거래를 하면서 살아간다. 돈이 필요해 주변 사람들로부터 돈을 빌리고 이자를 붙여서 갚는 '개인 간의 돈 거래'나 심지어 '사채업자들의 돈놀이'도 금융거래이다. 그러나 이 같은 개인 간의 돈 거래는 넓은 의미로는 금융거래이긴 하나 금융시장에서의 금융 상품 거래는 아니다. 은행에서 팔고 있는 다양한 예금·적금 상품이나, 보험회사의 보험 상품 또한 금융 상품이다. 하지만 이와 같은 은행, 보험 상품들은 투자성이 없는, 즉 원금 손실이 나지 않는, 원금이 보장되는 금융 상품이다. 이와 달리 자본시장에서 거래되는 주식, 채권, 펀드 같은 금융투자상품은 이익이 날 수도 있지만, 때로는 투자 원금보다 더 큰 손실이 발생할 수도 있다.

내가 우리나라 자본시장의 중추 기관인 한국거래소에서 33년간 근무하면서 경험한 자본시장과 금융투자상품을 소개하고, 금융투자상품 중에서 다양한 매력으로 MZ세대들에게도 인기 있는 ETF에 대해 독자 여러분과 공유하고자 한다.

우리나라 자본시장의 메카, 여의도로 입성하며

1991년 12월, 시골 출신 촌놈이 설레는 가슴을 안고 서울 여의도로 입성한다. 대학 졸업을 앞두고 나의 첫 직장이자 곧 은퇴를 앞둔 지금까지도 근무하고 있는 증권거래소(현 한국거래소)로 첫 출근을 하기 위해서였다. 자본주의의 꽃은 자본시장이라고 하던가? 그 중심에서 중추적이고 핵심적인 역할을 하는 곳이 한국거래소다. 기업들은 한국거래소가 운영하는 자본시장을 통해 필요한 자금을 조달하고 그 자금을 활용하여 기업을 성장, 발전시킨다. 우리나라 자본시장은 1950년대 6.25 전쟁 후 피폐해진 우리나라 경제를 재건시키고 선진국으로 발돋움시킨 원동력이다. 하지만 법대 출신인 내겐 낯선 곳이었다. 같이 입사한 경영, 경제학과 출신 동기들은 입사하기도 전에 자본시장에 대해 많이 공부하고 온 터라

쉽게 업무에 적응했지만, 자본시장에 문외한이었던 내겐 쉽지 않은 도전이었다. 내가 그들보다 앞서기 위해서는 더 큰 노력이 필요했다.

돌이켜 보면 1990년대 주식시장은 상장된 기업 수도 적었을 뿐만 아니라 오늘날과 같은 다양한 투자 상품들도 없었다. 주식이 유일하게 거래되는 상품이었다. 하루 거래되는 규모도 워낙 적어서 거래소 직원들이 살 주문과 팔 주문을 전산 매매가 아닌 수작업으로 매치시켜 직접 손으로 매매를 체결시키던 시절이었다. 시간이 흘러, 거래 규모가 늘어나면서 1997년 9월 이후로는 모든 주식거래가 수작업이 아닌 전산으로 매매체결이 이루어졌다.

격세지감이라고 할까. 30여 년이 지난 지금 우리나라 자본시장은 눈부시게 발전했다. 글로벌 위상도 상상 이상으로 커졌다. 시장규모는 전 세계 14번째, 거래 규모는 7번째 시장으로 자리매김하고 있다. 우량 중견기업 시장인 코스피 시장, 벤처, 신기술 기업들이 거래되는 코스닥시장, 신생기업들의 자금줄 코넥스 시장 등 주식시장만 3개가 있고, 국채, 지방채, 회사채 등이 거래되는 채권시장, ETF, ETN, ELW가 거래되는 증권상품시장, 선물, 옵션 등이 거래되는 파생상품시장도 있다. 게다가 금, 석유, 탄소배출권도 한국거래소 시장에서 거래되고 있다.

33년간 한국거래소에 몸을 담고 있는 동안 나는 다양한 업무를 담당했다. 주식시장, 파생상품시장, 증권상품시장의 운영과 신상

품 개발 업무를 담당했고, 공시, 상장 등 상장기업의 관리 업무, 주
가조작 세력을 잡아내는 불공정거래 조사 업무도 담당했다. 2021
년 3월부터 3년 반 동안 동남아시아 캄보디아증권거래소 부이사
장으로 파견 근무하면서 아직 자본시장 불모지인 캄보디아에 우
리나라 선진 자본시장 노하우를 전수하는 일도 했다. 그중에서
2009년 초부터 8년간을 ETF 팀·부장으로 업무를 담당하면서 ETF시
장을 눈부시게 발전시켰으니 스스로 ETF시장 전문가라 자부한다.
그간의 나의 업무 경험을 바탕으로 우리나라 금융, 자본시장에 대
한 기초 지식을 독자 여러분과 공유하고자 한다. 또한 한국거래소
에 상장되어 거래되고 있는 다양한 금융투자상품 중에서 요즘 투
자자들 관심이 집중되고 있는 ETF를 여러분께 소개하고자 한다.

금융, 자본시장
왜 이렇게 어려워!

금융시장, 금융투자상품, 자본시장, 증권시장, 주식시장, 증권상품시장 등등 TV나 언론 등에 매일같이 등장하는 용어들이지만, 평소 관심이 없는 독자들은 생소하고 어렵게 느낄 것이다. 그나마 삼성전자, 현대중공업 등 주식에 대해서는 투자를 해 봤거나 주변 사람들이 무슨 주식을 사고팔아 얼마를 벌고, 얼마를 잃었다느니 하는 얘기를 종종 들어 봤을 것이다. 이러한 용어들을 알든 모르든 우리는 매일 금융과 관련된 행위를 하면서 살아가고 있다. 은행에 돈을 예금하고 필요할 때마다 찾는 것, 보험 상품에 가입하여 매월 보험료를 내는 것, 할부로 차를 사고 매달 할부금을 할부 회사에 입금하는 것도 금융거래이다. 물론 돈을 벌기 위해 주식이나 채권을 사거나 파는 것도 금융거래이다.

그러나 금융투자상품 거래는 조금 다른 개념이다. 은행의 예금·적금 상품이나 보험 상품에 가입하는 것은 내가 낸 원금보다 손실이 날 가능성이 없지만, 주식이나 채권 등은 잘못 투자했다가는 내가 투자한 원금에서 손실을 볼 수 있다. 원금을 보장받지 못하고 투자 원금까지 손해를 볼 수 있는 금융 상품을 금융투자상품이라 하고, 이 금융투자상품이 거래되는 시장을 자본시장이라 한다. 자본시장에는 증권시장과 파생상품시장이 있다. 증권시장에는 주식, 채권, 펀드, 파생결합증권, 예탁증권DR, 투자계약증권이 있다. 증권시장은 내가 투자한 원금 이상 돈을 벌 수도 있지만, 잘못 투자할 경우 내가 투자한 원금까지 손실을 볼 수 있다. 그러나 선물·옵션이 거래되는 파생상품시장은 최악의 경우, 내가 투자한 원금 이상의 손실이 발생할 수도 있다. 그래서 일반 투자자가 파생상품에 투자할 때 큰 위험이 따를 수 있다. 주식, 채권, ETF를 포함한 펀드는 증권시장에서 거래되는 금융투자상품이다. 왜 이렇게 어려워! 난 못 따라가겠어. 걱정하지 마시라. 금융투자상품마다 투자 위험이 다르니 여러분의 금융투자상품 지식과 성향에 맞는 상품을 찾고 그것만 투자해도 충분하니까.

자본시장에는 한국거래소 이외에도 다양한 기관들이 참여하고 있다. 먼저 시장규제·감독기관으로서 정부 부처인 금융위원회와 증권선물위원회가 있다. 금융위원회는 금융시장과 금융기관 감독에 관한 최고의사 결정기관이다. 증권선물위원회는 증권시장과 파생상품시장의 관리·감독에 관한 사항을 심의하고 의결하는 전문기관이다. 자본시장은 규모도 크고 전문적인 특성도 많아 이를 고려하여 별도의 전문 규제기관을 두고 불공정거래 조사, 기업 회계기준 및 회계 감리 등의 업무를 담당하고 있다. 금융감독원은 민간조직이지만 법률에 의거 독자적인 금융회사 검사와 금융위원회, 증권선물위원회 결정 사항을 집행하는 기구로서 역할을 담당하고 있다. 관계 기관으로는 매매체결 후 결제와 예탁을 담당하는 예탁결제원, IT를 담당하는 코스콤, 정책자금을 조달하는 증권금융과 금융투자 기관들을 회원으로 두고 자율규제를 담당하는 금융투자협회 등이 있다. 금융투자회사에는 증권사, 자산운용사, 투자자문사, 신탁회사 등이 있다.

자본시장에서 한국거래소는 무슨 일을 하는 거야?

상장

투자에 적합한 견실한 기업이 거래소 시장에 상장하여 거래될 수 있도록 하는 상장심사 업무를 담당한다. 상장을 희망하는 기업은 먼저 증권회사와 주관사 계약을 체결하고 회계감사를 위해 회계법인을 선임해야 한다. 법률 이슈 검토를 위해 법무법인과도 선임계약을 체결하고 한국거래소에 상장심사를 신청한다. 상장을 위해서는 한국거래소로부터 상장 예비 심사를 받고 승인을 얻은 후 금융감독원에 증권신고서를 제출하여 승인을 받아야 상장을 할 수 있다. 통상 상장을 위한 절차는 기업의 준비 기간을 포함하여 1년 이상이 소요된다. 그만큼 상장 자격이 있는 기업을 선별하기 위해 한국거래소의 상장심사가 엄격하게 진행된다.

매매 거래

상장된 모든 금융투자상품은 한국거래소에서 거래된다. 금융투자상품은 불특정 다수가 참여하는 시장이다 보니 주식을 사고도 돈을 입금하지 않거나 주식을 팔고도 판 주식을 넘겨주지 않는 투자자들이 있을 수 있다. 그래서 주식시장에서 한국거래소가 회원사인 증권사를 통해 주식을 파는 투자자와 사는 투자자를 대신해 결제 이행을 보장하고 있어 투자자들은 결제 불이행 위험에 대한 걱정 없이 안심하고 투자를 할 수 있는 것이다.

공시

상장기업의 주가는 기업의 주요 이벤트 발생에 민감하게 반응할 수밖에 없다. 발생한 기업 이벤트가 투자자들에게 공평하게 공유되도록 하기 위해서는 누군가가 그 정보를 투자자들에게 이벤트 발생 즉시 알려 주어야 한다. 한국거래소가 기업을 대신해 그 내용을 알려 주는 역할을 하고 있다. 투자자들은 한국거래소가 운영하는 공시 포탈시스템인 Kind 시스템(kind.krx.co.kr)에서 기업들의 공시 내용을 확인할 수 있다.

상장폐지

엄격한 상장심사를 통과하여 상장에 성공한 기업일지라도 시간이 경과하면서 기업이 부실화되거나 여러 가지 이유로 매매 거래가 부적합한 기업이 될 수 있다. 이런 기업 중 시장에서 퇴출하는 것이 투자자 보호를 위해 필요하다고 판단되면 그 기업을 시장에서 상장폐지시키는 업무도 한국거래소가 담당하고 있다.

불공정거래 조사

한국거래소는 비정상적인 매매 거래에 대해 시장을 감시하는 업무도 담당하고 있다. 상장되어 거래되는 주식이 특정인들에 의해 가격이 왜곡되거나 시장 질서를 흩트리는 주가 조작꾼들의 행위를 예방하고, 사후 조사하는 업무도 한국거래소가 담당하고 있다. 조사 결과를 금융위원회와 검찰에 통보하고, 불공정거래 행위자들이 적절한 제재를 받을 수 있도록 금융위원회, 검찰 등과 긴밀한 공조 체제를 구축하고 있다.

ETF 너 도대체
뭐 하는 놈이니?

금융투자상품 중에서 썸남, 썸녀처럼 가슴 설레는 매력을 가진 ETF를 알아보자.

ETFExchange Traded Fund

"ETF는 증권시장에서 거래되는 금융투자상품이다.", "ETF는 주식처럼 거래되지만, 본질은 주식이 아닌 펀드이다. 그래서 주식을 거래할 때보다 세금 면에서 유리하다.", "ETF는 펀드 중 지수수익률을 그대로 따라가도록 설계된 인덱스 펀드다. 그래서 개별 종목보다 위험을 더 잘 분산할 수 있다." 이는 모두 ETF를 설명하는 말들이다.

2009년 초 ETF 시장 담당 팀장으로 자리를 옮기면서 ETF를 알게 된 후, 가장 먼저 든 생각은 '세상에 이런 훌륭한 상품이 있다고?'였다. 그 이전에도 일반 펀드 상품들은 있었다. 펀드매니저가 투자 대상 종목과 시점을 정하고, 펀드를 운용하는 액티브형 일반펀드가 대세였다. 인기 있는 펀드는 뛰어난 펀드매니저가 투자대상 종목과 시점을 정하고, 자산을 운용하는 것이었다. 그러나 2008년 금융위기를 겪으면서 전문적인 펀드매니저라도 시장수익률을 초과하는 수익을 지속적으로 얻는 것은 쉽지 않게 되었다. 수익률과 상관없이 높은 운용보수를 지불하는 구조의 액티브형 일반 펀드도 시장의 수익률보다 좋지 않을 수 있다는 인식이 확산되어 가는 시기였다.

2008년 글로벌 자산운용사인 SSGA State Street Global Advisors가 실시한 세계 유수의 투자전문가 설문에서 "ETF는 지난 20년간 인류가 개발한 가장 혁신적인 금융투자상품 중 하나"라고 하였고, 가치투자의 달인으로 알려진 워런 버핏(버크셔 헤서웨이 회장) 등 우리에게 익숙한 투자의 귀재들 또한 예찬할 정도로 ETF는 투자 매력이 있는 상품으로 인식되기 시작했다. 2015년 6월, 글로벌 시장에서 역사상 처음으로 ETF 운용자산(2조 9,710달러)이 헤지펀드 운용자산(2조 9,690달러)을 넘어섰다(2015년, 영국 ETF 정보회사 ETFGI 및 미국 헤지펀드 리서치 발표). 1991년 세계 최초의 ETF 상품이 미국 시장에 상장되었으니 30년 역사의 ETF가 70여 년의 긴 역사를 자랑하는 헤지펀드보다 운용자산이 커졌다는 건 투명한 운용과 낮은 비용이 얼마나 큰 장점인가를 보여 주는 단적인 예라 할 수 있다.

당시 재미있는 일화도 있다. 투자의 귀재 워런 버핏과 헤지펀드 창립자가 2008년 인덱스펀드의 수익률을 이길 수 있는 펀드가 있는지를 두고 100만 달러의 내기를 했는데, 2018년 워런 버핏 버크셔 헤서웨이 회장이 베팅한 인덱스펀드의 완승으로 끝났다는 흥미로운 외신 보도도 있었다.

우리나라 ETF 시장은 2002년 「증권투자신탁업법」과 「증권투자회사법」 개정으로 ETF 도입 근거가 마련되고, 2003년 10월에 첫 상품이 상장되었다. 2009년 자본시장법 시행이 ETF 시장의 발전 계기가 되었다. 펀드시장을 규제하던 투자자산 운용법 등 6개 법률이 자본시장법으로 통합되었다. 이때까지 코스피200 등 대표지수 ETF 4개, 업종지수 ETF 7개 등 13개 종목, 자산총액 3조 원 규모의 시장이었다. 자본시장법의 시행으로 ETF의 기초가 되는 자산의 종류가 외국 주식, 채권, 파생상품, 외화, 원유, 금, 농산물 등으로 확대되면서 다양한 ETF 상품이 나올 수 있게 된 것이다.

ETF도 한국거래소 상장 상품이다 보니 상장을 위해서는 한국거래소의 관련 규정 또한 자본시장법 시행과 동시에 정비되어야만 ETF 상장이나 시장 운영이 가능했다. 내가 업무를 맡은 2009년 2월까지 규정은 여러 가지 이유로 정비되지 못하고 있었다. 4개월간 매일같이 야근하며, 규정 승인 주무 부처인 금융위원회 담당자와 협의하여 그해 6월 말에야 규정 개정을 마무리하였다. 이 과정 또한 만만치 않았다. 금융위원회 초기 업무 담당자는 자산운용업계 특채 출신이라 규정 개정 논의가 쉽게 진행되었으나, 담당 사무관이 교체된 후 새로 업무를 맡은 사무관은 거래소 규정 개정에 호의적이지 않았다. 급기야 규정 개정 내용 중 일부에 대해 이견이 발생했고, 그로 인해 규정 개정 일정이 상당 기간 지체되었다. 한번은 금융위원회 사무실에서 나와 사무관 간에 고성이 오갔고, 그 소리는 사무실 전체에 울릴 정도였다. 그 후 나는 금융위원회 사무실 출입 금지를 당했다. 우여곡절 끝에 규정 개정이 마무리되었다. 시장을 빨리 개설하고 싶은 나의 욕심과 열정 때문이었다. 물론 그해 말, 그 사무관과는 화해했다. 어렵게 규정 개정을 마무리하고, 2009년 7월에 국채 ETF와 지수가 하락할 때 수익을 낼 수 있는 인버스 ETF를 상장하였고, 2010년에는 더 많은 수익을 기대하는 2배짜리 레버리지 ETF를 상장하였다.

ETF 시장의 발전은 한국거래소만의 노력으로는 어렵다고 판단하여 "ETF 시장 발전을 위한 운용사 협의회"를 발족하여 매월 정기 모임을 가졌고, 다양한 상품개발과 업계 공동의 발전을 위해 노력했다. 당시만 해도 ETF를 아는 사람이 많지 않았다. 심지어 언론사 기자들도 ETF에 대해 처음 들어보는 분들이 많았다. ETF를 투자자들에게 알리는 마케팅이 절실히 필요했다.

ETF 발행사인 자산운용사별로 십시일반 돈을 걷고 거래소도 비용을 보탰다. 점심, 저녁으로 기자들과 만나면서 ETF 관련 기사를 써달라는 부탁도 하고, 일반 투자자들에게 ETF를 알리기 위해 ETF 캐릭터 인형도 만들어 투자자들에게 돌리고, 서울과 부산에서 지하철 광고도 했다. 그와 같은 노력으로 시장 개설 당시 3천억에 불과했던 ETF 자산총액이 2024년 11월 말 기준 160조 원의 시장으로 커졌으니, 그간 시장발전을 위해 노력한 보람을 느낀다. 당시 여러 가지 어려운 상황에서도 나와 함께 ETF 시장 발전을 위해 노력해준 ETF 발행사인 자산운용사, 유동성 공급을 담당하는 증권사 분들께 깊이 감사드린다.

잘 차려진 ETF 밥상, 골라서 먹자

우리나라 금융투자상품 중 이렇게 단기간에 급성장한 시장도 없을 것이다. 26개 자산운용사가 각자의 ETF 브랜드를 앞세워 다양한 상품을 출시하고 있다. 삼성자산운용의 'KODEX', 미래에셋 자산운용의 'TIGER', 한국투자신탁운용의 'ACE', KB자산운용의 'RISE', 신한자산운용의 'SOL'이 상위에 랭크된 ETF 브랜드이다. 893개 ETF 상장 종목 중 국내 자산을 기초로 한 ETF가 507개, 해외 자산을 기초로 한 ETF가 386개다. 국내 자산은 주식 354개, 채권 111개, 액티브형 139개, 레버리지·인버스 ETF가 37개다. 해외 자산은 주식 278개, 채권 38개, 액티브형 84개, 레버리지·인버스 ETF가 37개다. 우리나라 메인 주식시장인 코스피 시장에 상장된 종목 수보다 ETF 상장 종목 수가 더 많으니 잘 차려진 밥상이다. 투자자의 입맛에 따라 국내, 해외 구분 없이 투자가 가능한 ETF 전성시대가 도래한 것이다.

ETF 시장은 지금도 진화 중이다. 전통적인 개념의 ETF는 여러 종목으로 구성된 지수의 수익률을 수동적(Passive)으로 따라가도록 만든 상품이지만, 2017년부터는 펀드매니저가 운용자산의 30% 범위에서 일정 비율을 자율적으로 운용할 수 있는 액티브형 ETF도 상장되었다. 2024년 10월 말 기준 액티브형 ETF는 223종목 (25%)에 이른다. 최근에는 주식과 파생상품을 결합하여 매월 1% 이상 수익률을 목표로 하는 커버드콜 ETF도 다양하게 출시되고 있다.

썸남보다 도움 되는, 썸녀보다 매력적인 ETF

첫째, 분산투자가 가능하다.

펀드이면서 주식처럼 거래되는 ETF의 가장 큰 매력은 분산투자에 있다. 주식 투자 경험이 있는 분들은 주변 지인들로부터 특정 종목을 추천받아 투자했다가 주가 하락으로 큰 금전적 손실을 본 경험이 있을 것이다. ETF는 주식형의 경우 최소 10종목 이상을 담아 위험을 분산하도록 하고 있고, 그중 한 종목의 편입 비중도 30%를 초과할 수 없도록 법과 규정으로 정하고 있다. 물론 원자재 ETF와 같이 단일 상품에 투자하는 ETF도 있지만, 투자대상 자산이 부도와 같은 신용 위험으로 갑작스러운 손실을 초래할 위험이 없는 자산인 경우에만 상장이 허용되고 있다. "계란을 한 바구니에 담지 말라."는 격언이 있듯이 각 개별 종목의 위험을 분산할 수 있도록 만들어진 상품이 ETF다.

둘째, 비용이 저렴하다.

일반 펀드에 가입하면 상품 성격에 따라 차이는 있겠지만, 펀드당 총 보수가 1~3%로 펀드 수익 여부와 상관없이 매년 비용을 지불해야 한다. 그러나 ETF의 평균 총비용은 0.23%에 불과하다. 최근 들어 ETF 발행사 간의 경쟁으로 총 보수가 계속 낮아지고 있다. 또한 ETF는 펀드이다 보니, 주식거래 시 부과되는 증권거래세도 없고, 국내 주식으로 만들어진 ETF는 사고팔아 수익이 난 경우에도 양도소득세가 없다.

셋째, 운용이 투명하다.

일반 펀드에 가입한 독자들은 알겠지만, 내가 가입한 펀드 안에 무슨 상품이 얼마나 담겨있는지 실시간으로 알 수도 없을뿐더러, 자산운용사가 분기별로 제공하는 자산운용 보고서를 받고서야 펀드매니저가 그 분기 동안 어떤 종목들을 펀드 안에 담고 투자했는지 알 수 있다. ETF는 매일 납부 자산 구성 내역PDF에 언제 어떤 자산에 투자하고 있는지 실시간으로 투명하게 공개하고 있다.

넷째, 주식처럼 환금성이 좋다.

일반 펀드는 하루에 한 번만 발표되는 펀드 기준가격으로만 펀드 가입과 환매가 가능하지만, ETF는 주식처럼 사고팔 수 있기 때문에, 시장 상황에 즉각적으로 대응할 수 있다. 모든 ETF 상품에는 유동성 공급자LP가 있어서 내가 사거나 팔고 싶을 때, 원하는 수량을 적정한 가격에 살 수 있고, 역시 원하는 수량을 적정한 가격에 언제든지 팔 수 있다.

다섯째, 2배 수익률, 지수가 떨어져야 이익이 나는 상품도 있다.

ETF 시장에는 투자자들의 다양한 수요를 흡수하기 위해 기초지수 수익률의 2배로 연동하는 레버리지 ETF 상품과 기초지수가 하락하면 이익이 나는 인버스 ETF 상품이 있다. 이 상품들은 일반 ETF 상품들과 달리 구조적인 특징으로 인해 또 다른 위험이 있다. 레버리지 ETF는 기초지수가 상승할 경우 두 배의 수익을 얻을 수 있지만, 기초지수 가격이 예상과 다르게 하락하는 경우 손실도 두 배로 확대될 수 있다. 이런 상품들은 파생상품을 이용하여 만들어진 상품들로 일주일, 한 달, 1년 같은 기간 수익률의 2배, -1배가 아니라 일별 수익률의 2배, -1배를 목표로 하고 있다. 따라서 지수수익률이 장기간 상승이나 하락할 경우에는, 기간 수익률의 2배, -1배와 다르게 움직이는 위험이 있다.

ETF의 투자 위험

다양한 장점을 가지고 있는 ETF도 다른 금융투자상품과 마찬가지로 투자 위험이 있다.

첫째, 원금이 보장되지 않는다.

ETF는 다양한 투자 매력이 있는 상품이지만 은행 예금과 달리 원금 보장이 되지 않는다. 담고 있는 주식들로 만들어진 지수Index를 그대로 따라가는 상품이기 때문에, 지수를 구성하고 있는 주식 가격의 하락으로 지수가 하락할 경우, 원금 손실이 날 가능성이 있다.

둘째, 비싸게 사고 싸게 팔아야 할 위험이 있다.

ETF는 유동성 공급자LP가 실시간으로 매수·매도 호가를 제시하기에 내가 원할 때 원하는 가격과 수량으로 매매가 가능하지만, 유동성 공급자가 매수·매도 호가를 제대로 제시하지 않을 수 있다. 또한 해외 자산을 기초로 하는 ETF는 해외시장과 국내 ETF 시장과의 시차로 인한 정규 시장 운영시간이나 가격 제한폭의 차이로 인해 가격 차가 나서 때로는 비싸게 사고 싸게 팔아야 할 위험이 발생할 수 있다.

셋째, 환율 변동 위험이 있다.

해외 자산에 투자하는 ETF의 기초자산은 해당 국가의 통화단위에 기초해 거래되나, ETF는 우리나라 원화로 거래되기 때문에 환율을 헷지하는 상품이 아닌 경우, 두 나라 환율 차이로 가격 변동 위험이 있을 수 있다. 환율을 헷지하는 상품은 종목명 마지막에 "H"라고 표시되어 있다.

ETF의 과세

금융투자상품에 투자할 때 가장 우선으로 고려하는 것이 세금이다. 투자 수익이 나더라도 세금을 많이 뗀다면 그만큼 투자 수익이 줄어들기 때문이다. 과세 측면에서 ETF는 매우 유리한 상품이다. 주식의 경우는 이익과 상관없이 거래 자체에 거래세를 부과하

는데 ETF는 거래세가 없다. 사고팔아 이익이 날 경우에는, 국내 주식형 ETF는 전혀 세금을 내지 않는다. 다만 해외주식을 기초자산으로 하는 ETF는 이익에 대해 배당소득세(15.4%)를 내야 하고, ETF에 들어 있는 개별 주식에 배당하여 이익이 생길 경우에도 배당소득세(15.4%)를 내야 한다.

ETF야
내 노후도 책임져 줘

나의 노후를 책임질 연금에는 국민연금, 퇴직연금, 개인연금저축이 있다. 국민연금은 보통 연금 개시 시점이 만 64세 혹은 65세 이후이고, 그간 낸 돈의 비율에 따라 연금공단이 지급하는 것이니 여기서는 논외로 하자. 확정기여형 퇴직연금(DC형), 개인형 퇴직연금IRP과 개인연금저축 가입자는 국내 증권시장에 상장된 ETF에 투자할 수 있다. 은퇴 기간의 안정적인 소득 확보를 위해서는 매월 일정 금액의 배당금이 나오는 배당형 ETF 투자가 필요하다. 다만 연금에서 ETF를 투자할 때는 연금 개시 전까지 인출이 불가하므로 주의가 필요하다.

배당형 ETF가 주로 투자하는 자산은 배당주, 커버드콜, 리츠, 채권 등이 있다. 배당주 ETF는 보유 주식의 배당금을 재원으로 분배금을 지급한다. 커버드콜 ETF는 주식을 매수하고 동시에 파생상품인 콜옵션(미리 정한 가격으로 주식을 살 수 있는 권리)을 매도하는 전략을 쓴다. 이렇게 하면 지수가 상승할 때 이익이 일부 제한되지만, 시장이 횡보하거나 하락할 때 옵션 프리미엄을 재원으로 하는 추가 수익을 확보하고, 이를 ETF 보유자에게 매월 배당한다. 리츠에 투자하는 ETF는 부동산 임대수익과 시세차익, 채권형 ETF는 보유채권의 이자를 분배금의 재원으로 활용한다. 최근 출시되고 있는 월 배당형 ETF에는 국내 자산뿐만 아니라 해외 자산을 기초로 하는 상품들도 쏟아지고 있다.

퇴직급여를 연금 계좌(개인연금, 개인형 퇴직연금(IRP))로 이체하고, 55세 이후 연금으로 수령하면 퇴직 소득세를 30~40%가량 절감할 수 있다. 퇴직급여 규모가 커서 소득세 부담이 큰 사람들에게 적지 않은 혜택이다. 그리고 연금계좌에 세액공제를 받으면서 저축한 금액과 운용수익도 연금으로 수령하면 수령 기간에 따라 낮은 세율(3.3%~5.5%)로 부과된다. 중도 해지하거나 연금 이외의 방법으로 수령하면 16.5%의 세율로 기타소득세를 납부해야 한다.

그러면 내 연금을 어떻게 ETF로 투자할 것인가. 나는 몇 가지 원칙을 세워 내 연금 대부분을 ETF로 투자하고 있다. 연금자산의 절반은 안정형 자산인 채권형이나 부동산, 금 관련 ETF에 투자하고 있다. 혹시 모를 시장급락에 대한 대비이다. 나머지 중 절반은 국내외 배당형 ETF에, 절반은 시장 상황에 따라 반도체, 바이오, 이

차전지 등 업종이나 테마형 ETF에 투자 중이다. 퇴직이 다가올수록 투자 위험이 높은 ETF의 자산 규모를 줄이고, 안정적 수익형 ETF 자산으로 점차 늘려갈 계획이다.

은퇴, 설레는 마음으로
너를 기다린다

33년간의 직장생활도 이제 막바지를 향해 달려가고 있다. 40세 이전부터 부동산 시장에 관심을 기울였고, 자본시장에서도 '금융 투자상품에 어떻게 하면 투자를 잘할 수 있을까' 고민하고 결심이 서면 즉시 실행에 옮겼다. 특히 내가 온 힘을 바쳐 성장시키고, 33년간 한국거래소에 근무하면서 내가 남긴 여러 업적 중에서 최고라고 자부하는 ETF는 내 노후 준비에 중요한 동반자이다. 이제 은퇴 후 두려움은 없다. 은퇴 후 맞이할 새로운 세상을 설레는 마음으로 기다린다.

노후를 위해 입사 초기부터 주말농장을 시작한 것도, 나이 40 이전에 회사 지원으로 미국 로스쿨을 다녀온 것도, 법학 박사학위에 도전한 것도 다 노후 준비의 일환이었다. 시골 출신으로 어렵게 직장을 잡고, 가정을 이루고, 큰 부자는 못 되었지만 무탈하게 직장 생활을 마무리할 수 있었다. 송곳 하나 찌를 수 있는 내 소유 부동산 하나 없이 사회생활을 시작했다 보니, 남들보다 조금 더 일찍 노후 준비를 해왔던 것 같다. 2024년 9월부터 자의 반 타의 반으로 시작한 고려대명강사최고위과정은 앞으로의 내 인생에 윤활유가 되어 줄 것으로 확신한다. 대표 강사이신 서일정 총장님, 조영순 운영 강사님과 이문재 운영 강사님께 깊이 감사드린다. 훌륭한 명강사님들로부터 최고의 강의를 들었고, 살아온 삶은 다르지만, 각자의 영역에서 최고의 위치에 오른 동기 명강사님들도 나에게 훌륭한 스승이 되어 주었다.

노후 준비는 가능한 한 빨리할수록 좋다. 내가 그러했듯 40세 이

전부터 준비하는 것이 좋다. 은퇴 후 삶에 대해 두려움을 갖고 계시거나 고민하고 계시는 독자님들께 꼭 말씀드리고 싶다. 또한 틈틈이 자본시장과 금융투자상품에 대해 많이 공부하시기 바란다. 특히 ETF 공부를 많이 하시길 추천한다. ETF가 독자 여러분들의 노후를 책임져 줄 훌륭한 동반자가 되어 줄 것이기 때문이다.

CHAPTER 3

억세게 운 좋은
사나이

내 인생의 주인공은 바로 '나'다.
소소한 순간들이 모여 삶이 된다.
그 순간들을 충분히 느끼고 음미할 때,
비로소 삶의 의미를 알게 된다.

배명근

Mobile 010-3717-3204
Email bmk929@naver.com

학력 및 경력사항
- 고려대명강사최고위과정 20기 남성수석회장
- 현대건설 근무
- GS건설 근무
- 두산건설 근무
- (현)일광건설(주) 대표이사

강의분야
- 부모상담
- 리더십 강의

자격 사항
- 명강의명강사 1급
- 리더십지도사 1급
- 인성지도사 1급
- 부모상담지도사 1급

저서
- 고려대 명강사 25시(공저): 억세게 운 좋은 사나이

아버지의 죽음

1957년 8월 2일(음력 7월 7일) 밖에 요란한 소방차 사이렌 소리가 울린다. 견우와 직녀가 1년에 한 번씩 만난다는 칠월칠석. 비가 주룩주룩 내리고 있다. 한참 후에 들려오는 소식. 아버지가 돌아가셨다고 한다. 내 나이 6살 때다.

그때 우리 집은 전남 순천에서 일광제재소라고 제법 큰 제재소를 하고 있었다. 마당에서 축구 시합을 할 정도로 큰 제재소였다. 당시에는 제재소를 운영할 정도면 상당히 부유했다고 한다. 아버지는 서울에서 학교를 다니시고 고향에 내려와 제재소를 운영하셨다.

비가 오던 날, 아침 일찍 아버지는 직원들과 트럭을 타고 상사라는 곳에 나무를 하러 가셨다. 나무를 트럭에 싣고 강을 건너는데 순식간에 물이 불어나 강 중간에 트럭을 놔두고 모두 정신없이 수영을 하고 나오셨단다. 그런데 나와 보니 인부 한 명이 수영을 못해서 못 나온 걸 알고 아버지가 트럭으로 다시 들어가셨단다. 아버지는 수영을 잘하셨다고 한다.

들어가서 인부를 데리고 나오려는 찰나 운명의 장난으로 상류에 있는 상사 댐이 터졌고, 물이 산더미처럼 흘러 내려와 트럭을 삼켜 버렸다고 한다. 보통 나무를 하러 갈 때는 순경도 함께 가는데 당시 현장에 같이 있던 순경이 신고를 해서 소방차가 오고 수색을 하여 몇 시간 후 아버지와 인부의 주검을 발견하였단다.

당시 아버지의 나이 41세, 어머니는 36세였고 6남매를 두었다. 큰형이 중학교 3학년, 둘째와 셋째 형은 국민학생, 여동생은 3살이었다. 그리고 어머니는 막내 여동생을 임신 중이셨다. 막내는 아버지 얼굴을 못 보고 10월에 태어났다.

어머니는 전남 장흥이 고향이시고 외할아버지가 장흥에 있는 초등학교에 교장으로 계셨단다. 어머니의 오빠와 아버지가 서울에서 같이 학교를 다니셨는데 방학 때 아버지가 어머니 오빠를 만나기 위해 집에 놀러 가셨다가 어머니를 보고 반해서 당시에는 흔치 않은 연애결혼을 하셨단다.

아버지가 돌아가시고 난 후에 어머니가 제재소를 운영하셨는데 여자의 몸으로 사업을 하니 운영이 안돼서 결국 친척에게 제재소를 넘기셨다. 외상으로 나무를 가져간 사람들은 돈을 안 갚고 돈을 빌려준 사람들은 돈 갚으라고 난리였고~. 그때부터 어머니의 고생이 시작되었다.

큰아버지가 일찍 돌아가셔서 아버지가 큰어머니와 사촌 형 둘을 돌보아 주셨는데 제재소를 넘긴 후에는 우리가 순천시 동외동에 있는 큰어머니 집으로 들어갔다. 유복하게 지내시다가 무일푼으로 6남매를 키워야 했으니 어머니의 고생은 말로 표현할 수 없을 정도다. 안 해 본 일이 없으셨던 어머니는 어린 내 눈에 철인 그 자체였다.

아버지가 돌아가시기 전에 나는 아주 말썽꾸러기였는데 아버지가 돌아가시고 어머니가 고생하시는 것을 보고 내성적이고 조용한 아이로 바뀌었다.

먹을 것이 없어서 친척 집에 쌀을 빌리러 다녔던 기억. 고생하시는 어머니를 도와드리고 싶은 마음은 간절했는데 내가 너무 어려서 마땅히 도울 일이 없었다. 나중에 큰어머니께서는 "명근이가 뭐라도 도우려 하는 모습에 눈물도 나고 힘이 났다."고 하셨다.

내가 일찍 철이 들었나 보다.

서울로 상경

힘들고 어려웠지만 어머니는 큰형을 서울에 있는 대학교에 보내셨으니 교육열이 대단하셨다. 큰형은 대학을 다니면서 아르바이트를 병행해 우선 둘째 셋째 형을 서울로 데려가셨다. 그로부터 1년 후에는 초등학교 4학년이던 나도 서울로 왔다. 어머니가 순천역에서 완행열차를 태워주셔서 혼자 가방 하나 들고 서울로 왔다.

서울역에 도착하니 큰형이 반갑게 맞아주셨다. 버스를 타고 홍제동 집에 가니 단칸방. 그렇게 단칸방에서 형제 넷의 생활이 시작되었다.

나는 무악재고개 너머에 있는 안산초등학교 4학년으로 전학을 했다. 서울에서도 어려운 살림은 마찬가지였다. 이제 갓 스무 살 넘은 청년이 학교 다니면서 동생들 먹여 살리니 보통 일이었겠는가?

전학을 와서 서울에서 학교를 다니는데 친구가 너무 보고 싶었다. 당시에는 경황이 없어서 주소 같은 것도 못 적고 서울을 왔으니 편지할 수도 없고. 편지를 써서 봉투에 순천 친구 집 약도를 그려서 보냈는데 며칠 후에 답장이 왔다.

지금도 그 친구를 만나는데 자기 집에서 내 이야기가 회자된다고 했다. 그 친구 이름은 박종철인데 순천고등학교를 졸업해서 서울대 의대 정형외과를 전공하여 광명에서 큰 병원을 운영하였다. 지금은 은퇴하여 나이 든 사람들을 위해 재능 기부를 하고 있다.

나는 어려운 환경이었지만 나름 열심히 공부해서 배재중학교에 합격하였다. 합격자 발표일에 어머니와 함께 정동에 있는 배재중학교를 가서 합격을 확인하는 순간을 나는 지금도 잊지 못한다. 너무나 기뻐 만세를 부르고 어머니를 부둥켜안고 울고. 내 생에 가장 기뻤던 순간이었다. 당시 큰형이 다니시던 동아일보에 갔었는데, 형이 탕수육과 짜장면을 사주시던 기억도 잊지 못한다.

그때 어머니와 동생들도 서울로 올라와서 홍제동 산동네에 집을 하나 마련하였다. 중학교 입학하고 담임선생님이 가정방문을 하셨는데 집이 너무 가난하게 보여서였을까 장학금을 받게 됐다. 김진 선생님! 성인이 되어서 감사함을 전하고 싶었는데 일찍 돌아가셨단다.

고등학교도 배재고등학교로 진학해서 고3 때 집에 조금이나마 도움이 될까 하고 특차인 공군사관학교를 지원하였다. 1차 필기고

사는 합격했는데 정밀신체검사에서 불합격. 정시 대학 원서를 쓰는데 담임선생님이 고려대 건축과를 지원하란다. 나는 학비가 싼 서울대사범대학 원서를 써 달라 하여 접수는 했는데 시험을 안 봐 버렸다.

둘째 형이 출판사에서 그림을 그리셨는데 일감을 집에 갖고 와서 하실 때 내가 가끔 도와드리곤 했었다. 얼마 후에 이렇게 지내서는 안 되겠다고 생각하여 참고서 그림을 몇 장 그려서 마포에 있는 '계학사'라는 출판사를 무작정 찾아갔다 편집부장님께 그림을 보여드리며 취직을 하고 싶다고 부탁을 하니 어린 친구가 당돌하기도 하고 측은해서인지 받아주셔서 취직이 되어 참고서 그림을 그리게 됐다. 당시 계학사 미술 부장이신 전영표라는 분도 내가 기특하게 보였는지 그림도 상세히 가르쳐주시고 첫 사회생활을 하는 내게 여러 가지 도움을 주셨다. 나중에 '동명사'라는 출판사로 가시면서 나도 데려가 주셨다.

동명사는 육당 최남선 선생님 아들인 최한웅 사장님이 운영하신 출판사이다. 동명사는 주로 대학기술교재를 만들었는데 그곳에서 배운 제도가 나중에 많이 도움이 됐다.

전영표라는 분은 대구공고 토목과를 나오신 분으로 내 첫 사회생활에서 용기와 배움을 많이 주신 분이다.

무작정 사우디에
지원하다

사촌 형님께서는 연세대 토목과를 졸업하고 현대건설에 근무하셨는데 파푸아뉴기니 해외 현장에도 계셨고 바레인에서 근무하고 계셨다. 돈을 벌고 싶어서 사촌 형님께 중동에 가고 싶다고 부탁을 드렸다. 사촌 형님이 본사에 계신 분에게 말씀을 드려서 면접을 보고 신체검사도 하고 서류를 제출하여 최종 합격을 하였다. 지원했던 직종은 토목시험사로 책도 사서 보고 주변 분들에게 배우기도 하였다.

1976년 9월 15일 사우디아라비아 쥬베일 산업항 공사에 투입됐다. 대한항공으로 김포공항을 출발하여 바레인에서 비행기를 바꿔 타고 사우디 다란공항에 내렸다.

사우디가 아무리 덥다고 하지만 죽기뿐이 더하겠냐는 각오를 가지고 비행기 트랙을 내리는데 뜨거운 바람이 확 불어온다. '아이쿠, 이제 죽었구나.' 하면서 정신을 차리고 보니 그 열기는 비행기 프로펠러에서 불어오는 바람이었다.

사우디 쥬베일 산업항 공사는 육상공사와 OSTT라는 해상공사로 이루어지는데 그때까지 해외공사로 가장 큰 10억 8천만 불짜리 공사였다. 선급금으로 받은 1억 5천만 불 덕분에 우리나라 경제가 달라졌다고 한다.

시험실에 가니 김창현 실장님이 계셨고 고대 토목과를 나온 나보다 세 살 위인 임성철 대리(작고), 시험사로는 3명이 있었는데 모두 현장시험도 잘 가르쳐주신 고마운 분들이다. 어디를 가든 나는 인복이 많다고 생각한다.

석산을 개발한다고 사막에서 보링공들과 땀 뻘뻘 흘리며 고생하던 일. 사막에서 운전 배우다가 모래웅덩이에 빠졌던 일. 폭풍우가 몰아치는 날 위험하다고 항해를 못 한다는 선장을 설득시켜서 해상 보링 현장에 가서 가까스로 보링데이터를 받아서 미국으로 보냈던 일들.

그때 선배들이 한국에 가면 뭐가 제일 하고 싶냐고 물었다. 무교동 매운 낙지 한 접시에 소주 한 잔을 하고 싶다고 말한 기억이 난다.

그렇게 1년을 보내고 큰형한테서 텔렉스가 왔다. 평창동에 100평 땅이 나왔는데 내가 1년 적금 든 것 2백만 원으로 살 수 있겠다고. 그래서 땅을 사고 1년 더 번 것과 형이 보태서 2층 집을 지었다. 우리 가족이 잘 살 수 있다면 나는 무엇이든지 하겠다는 각오였으니까.

1년은 현대건설 우리 시험실에서 근무했고, 나머지 1년은 영국 회사인 감독관실로 파견 나와 근무하였다. 그때 영국인 감독과 근무한 것이 나중에 내게는 큰 도움이 되었다. 영어는 잘 못하지만 의사소통이 돼야 하니까 콩글리시라도 할 수밖에 없었다. 그렇게 2년 근무를 마치고 귀국.

1979년 3월 1일 럭키금성그룹 건설회사인 럭키개발(현 GS건설)에 입사하였다. 해외토목부에 근무하다가 1979년 8월 사우디 다란공항에 있는 공군 부사관 학교 숙소 건립 현장인 다란83사이트로 나가게 되었다. 네덜란드 회사인 바라스트 네담 그룹B.N.G과 럭키개

발이 공동 시공하는 현장으로 현장소장을 위시해서 각 파트별 직원은 양사가 각각 투입하되 기능공들은 모두 럭키개발에서 투입하였고, 장비와 자재는 모두 B.N.G에서 공급하였다.

시험실에서 영국인 시험실장과 네덜란드 시험실 직원 2명, 영국인 직원 1명과 나 이렇게 근무하게 되었다. 외국인들과 근무를 하니 쥬베일 산업항에서 외국인 감독과 근무한 것이 새삼 많이 도움이 됐다.

1980년 11월에 현장이 준공되고 사우디 리야드공항공사 PF-13현장으로 발령이 났다. PF-13현장은 공항 공사 중 전기, 통신 공사를 하는 현장이었다.

6개월이 지나 휴가를 왔는데 리야드에 있는 이슬람대학현장 T/F팀에 편성되었단다. 왠지 가기가 싫었다. 그러던 중 우연히 시청앞 북창동에서 다란에서 같이 근무했던 윤영순(서울대 건축과 졸업)을 만나서 막걸리를 한잔하면서 자기는 두산그룹 동산토건(현 두산건설)에서 근무하는데 지금 직원을 뽑고 있으니 응시해보라고 한다. 자기가 보기에는 럭키개발보다 동산토건이 나은 것 같다고.

그래서 동산토건에 응시하여 합격하고 1981년 5월 18일 해외토목부에서 근무를 시작하였다. 럭키개발 이슬람현장은 쥬베일현장에서 같이 근무하였던 정수영 씨를 소개해 주었다. 나는 해외토목부에서 근무를 하다가 1981년 8월 사우디 홍해에 있는 얀부로 나가게 된다.

결혼

GS건설 리야드공항 현장에 있을 때 동생한테서 편지가 왔다. 동생은 서울여상을 졸업하고 혜화동 우석병원(고려대병원)에서 경리로 근무하고 있었다. 학교 후배가 같은 병원에 근무하는데 참하고 착하다고, 남자친구가 없는 것 같아서 오빠 이야기를 했다고 편지를 해 보라고 한다.

동생의 말대로 편지를 하고 답장이 왔는데 글씨가 지금까지 내가 본 글씨 중에 가장 잘 쓴 것 같다. 그렇게 해서 편지 왕래가 시작되고 1981년 4월에 귀국해서 만났다. 동생 말대로 참하고 마음에 들어 내 동반자라는 생각이 들었다.

회사를 GS건설에서 동산토건으로 옮기고 본사에 근무하면서 데이트를 했고, 사우디 얀부에 가서도 계속 편지 왕래를 했다. 그

때 한국에서 편지가 매일 오고 글씨가 워낙 에쁘니까 직원들 사이에서 화제의 대상이었다.

6개월마다 휴가 오면 만나고 해서 결혼 날짜를 12월 11일로 잡고 12월 5일에 귀국했다. 6일 동안 결혼식을 준비하고, 집을 사고, 벼락치기로 결혼을 했다. 따뜻한 곳에 있다가 추운 데 와서 준비한다고 돌아다니니 정작 결혼식 날은 감기 몸살로 결혼식장에 가지도 못할 뻔했다. 지금도 결혼을 참 잘했다고 생각한다. 검소하고 형편없는 내 성질 다 받아주고. 아내는 현모양처가 딱이다.

1983년 9월 23일 큰애 예슬이가 태어나고 돌을 한 달 앞둔 1984년 8월 사우디 쥬베일 CO6현장으로 발령이 나서 출국을 했다. 쥬베일 CO6현장은 처음 갔던 쥬베일 산업항 현장 인근에 있었는데

상수도 펌핑스테이션과 대형 상수도 배관 공사를 하는 현장이다. 이전까지는 싱글로 중동 현장을 다녔지만 결혼을 해서 애가 있는 상태에서 해외 생활을 하니 정말 힘들었다. 가족이 얼마나 보고 싶은지 일이 손에 안 잡혔는데, 보름이 지나니까 그 마음이 한결 연해졌다.

1986년 5월이 준공이어서 조금만 있으면 귀국을 한다는 희망을 가지고 근무를 하고 있었다. 그런데 1986년 2월 현장소장이 부르더니 본사에서 연락이 왔는데 이집트 카이로 현장에 비상이 걸려서 카이로 쉐라톤호텔 현장으로 가야 한단다. 곧이어 고종진 사장님이 직접 전화를 하셨다. 카이로가 위급한 상황이니 3달만 지원해주고 귀국하라고~.

짐을 싸서 비행기를 타고 카이로 쉐라톤호텔 현장으로 가 보니 보통 문제가 아니다. 32층 건물을 짓는데 골조가 철골이 아니고 콘크리트 구조물이다. 지하와 1층 콘크리트 타설을 했는데 1층이 콘크리트 강도가 미달돼서 철거하고 재시공하라는 명령이 떨어져서 1층은 철거 중이고 공사가 중단된 상태였다.

공사가 재개되면 바로 콘크리트를 생산해야 하는데 뭘 먼저 해야 하나? 이집트 현지 콘크리트 생산 업체의 품질이 들쭉날쭉 믿을 수가 없어서 자체 콘크리트공장을 숙소인 문입이라는 곳에 설치하고 있었다.

그때 카이로에서 폭동이 일어나서 시내 교통이 통제되고 며칠

간 업무가 마비되는 사건이 발생했다. 그 며칠이 나에게는 천금과도 같은 시간이었다. 하나님이 운명처럼 나에게 주신 시간. 그 시간에 콘크리트 재료들을 분석 시험하고 콘크리트 배합설계를 다시 했다. 또한 콘크리트를 생산하는 배치 플랜트를 재점검하여 모든 문제점을 발췌 해소하는 시간을 가졌다. 나에게 천운이 따른 것이다.

감독들이 무척이나 깐깐했는데 설명하고 직접 시현하고 이해시키기를 반복하니 감독들도 믿음을 갖게 되었다. 다시 공사가 시작되어 일사천리로 진행됐다.

당시 이집트 다리 양쪽에 빌딩을 짓는데 한쪽은 우리나라 동산토건이 맡았고, 다른 쪽은 이집트회사가 공사를 했었다. 관련 내용은 이집트 신문에도 크게 기사로 났었는데, 코리아회사는 15일에 한 층씩 건물이 올라가는데 이집트회사는 3달에 한 층씩 올라가니 4천 년 전에 피라미드를 건설하던 우리가 어쩌다 이렇게 경쟁력이 없는 나라가 됐냐고 한탄하는 내용이었다. 그만큼 한국 회사들은 밤낮을 가리지 않고 열심히 일을 했다.

3개월이 지나서 5월이 됐는데 현장 상황상 귀국하겠다는 말을 할 수 없었다. 현장소장이 유럽을 돌아서 여행을 하고 한국에 휴가 갔다가 다시 오는 게 어떻겠느냐면서 살며시 제의를 해왔다. 유럽 여행은 안 하고 바로 한국으로 휴가를 다녀오겠다고 말씀드렸더니 고맙다고 하시면서 금일봉을 주시며 잘 다녀오라고 하신다. 그래서 한 달 휴가를 마치고 카이로 현장에 복귀하여 아무 탈 없이 공사를 진행하였다.

카이로에서 약 250km 떨어진 지중해 항구도시 알렉산드리아라는 도시가 있는데 거기에 동산토건 토목현장이 있었다. 그 현장에 해외토목부에서 같이 근무했던 한용수 차장(당시 진급)이 계셨다. 카이로 현장에서 건축 직원들 사이에 토목 직원 혼자 고생한다고 카이로까지 먼 길을 운전하고 오셔서 자주 술을 사주신 의리의 한용수 선배님. 지금도 자주 뵙고 있다.

감독들과는 돈독한 유대관계를 가지면서 무사히 32층 골조를 완공했다. 1년 후인 1987년 4월에 귀국을 했고 5월에는 과장으로 승진을 했다. 나중에 개발 사업부 상사가 되셨고 당시 인사 과장이었던 이태희 회장으로부터 들은 후문이다.

토목본부장과 이태희 인사과장이 토목승진자 명단을 들고 사장실에 결재를 올라갔단다. 과장 진급자 명단을 설명하는데 내 이름은 아래에 있어서 승진자에서 제외된 상태였다고~. 고종진 사장님이 내 이름을 호명하니 토목본부장이 인문계고교 출신으로 이번 승진에서는 제외했다고 말하니 사장님이 이 친구가 카이로에서 얼마나 많은 공을 세웠는데 건축현장에서 공을 세웠다고 토목에서 몰라주는 게 말이 되냐고 야단을 치시면서 당장 진급시키라고 하셨단다. 고종진 사장님은 경기고 서울법대를 졸업하신 분으로 OB맥주에 근무하셨는데 당시 OB맥주 영선반 같았던 동산토건을 제대로 된 건설회사로 키우라는 두산 사업주의 명령을 받고 동산토건에 오신 분이셨다.

그해 5월부터 11월까지 당진우유공장 건설현장에서 근무를 하고 대전 도로현장에 발령이 났는데 동절기라 3달간 공사가 중지되니 본사 개발 사업부에서 3달만 지원 근무해 달라고 요청이 왔다.

11월 초 월요일 논현동 두산건설 본사 개발 사업부로 출근을 했다. 입사할 때는 본사가 수송동 합동통신사 빌딩에 있었고, 사우디 안부를 다녀와서는 양평동으로 이사했다. 1987년에는 논현동 현재 두산빌딩으로 옮겨서 출근하게 됐다.

출근해서 17층 개발 사업부로 들어서니 개발 사업 부장이신 박건동 부장님이 반갑게 맞아 주신다. 박건동 부장님은 부사장까지 하셨고 두산중공업에도 계시다가 동원건설 사장과 대보건설 사장으로 근무하셨던 분이다. 여러 곳을 거치면서 똑똑한 분들을 많이 봐왔지만 정말 똑똑하고 리더십도 많은 분이다. 내게는 십수년 동안 같이 근무하면서 많은 것을 가르쳐 주신 롤모델 같은 분이시다.

당시 개발 사업부에서는 마산매립사업과 몇 가지 중요한 사업을 하고 있었는데 그중에 마산매립사업과 춘천 골프장을 건설하는 사업이 핵심이었다.

춘천은 남한강 상류에 있는 상수원보호구역으로서 수질 보호 차원에서 공장 등 환경 유해시설이 들어올 수가 없었다. 연초에 전두환 대통령이 지방을 순시할 때 강원도지사가 이런 상황을 설명하고 사람들이 유입되면서 환경을 지킬 수 있는 골프장을 건설하면 좋겠다고 건의를 해서 승낙을 받아 대기업 중에서 두산이 선정되어 사업을 시작하게 되었다. 범그룹적으로 하는 중요한 사업인데 그 사업을 두산건설 개발 사업부에서 맡게 되어 땅을 사고 인허가를 맡는 업무가 막 시작되었을 때다.

인사를 하고 바로 포니2를 끌고 춘천으로 향했다. 춘천에 골프장 건설을 위해 만든 두산기업이라는 회사가 있어서 가서 직원분들과 인사를 하고 바로 업무를 시작하였다. 인허가 업무를 춘천시청부터 시작하는데 시청 직원들과의 업무가 낮이고 밤이고 며칠간 계속된다. 집에 못 가니 옷도 갈아입지 못해 와이셔츠며 속옷들을 사서 입고~ 생전 처음 해 보는 업무를 정말 열정을 가지고 한 기억이 난다.

한 달이 지나니 박건동 부장님이 부르셔서 일을 열심히 잘한다고 하시면서 사장님에게도 내가 카이로에서 지냈던 이야기를 들었다면서 토목부에 요청할 테니 개발 사업부에서 같이 일을 하자고 하신다. 나도 생소하지만 개발 사업부 업무가 마음에 들어서 고맙다고 했다.

그때부터 골프장 사업, 매립 사업, 건축 개발 사업 등 2002년까지 15년간 정말 많은 사업을 했다.

특히 개발 사업부에서 일했던 것들이 나중에 사업을 하면서 정말 많은 도움이 되었다. 박건동 회장님을 비롯해서 이태희 회장님, 그 외 많은 선배, 동료, 후배들과는 지금도 끈끈하게 정을 이으면서 자주 만나고 있다.

1989년 9월 춘천골프장이 한창 공사 중이던 때 당시 개발 사업부 중역이신 이구용 부사장께 손님이 왔는데 서울대 상대 동기인 심춘석이라는 분이셨다. 그분은 골프 장갑을 만들어서 외국에 수출하는 사업을 하고 계셨는데 연간 천만 달러쯤 수출하신다고 하셨다.

경기도 여주군 이포에 땅을 15만 평 가지고 있는데 연수원을 짓고 골프장을 9홀쯤 만들어서 연수하는 사람들이 연수도 받고 골프도 칠 수 있게 하고 싶다고 건설 상의를 하러 오셨다.

이 부사장님이 그분께 나를 소개해 주시면서 지도를 보고 그러지 말고 땅을 이만큼 더 사면 본인 돈 하나 안 들이고 두산에서 18홀 골프장을 인허가부터 건설, 분양까지 해서 넘겨주겠다고 제의를 하셨다. 그분이 그러겠다고 하고 3개월만 보안 유지를 하고 기다려 주면 12월까지 땅을 사서 오시겠단다. 보안 유지가 안 되면 땅값이 천정부지로 솟기 때문이다. 보안 약속을 하고 12월이 됐는데 정말 그분이 오셨다. 땅을 20만 평을 더 사서 35만 평이 됐단다.

심춘석 회장님은 김천고등학교를 졸업하고 서울대 상대를 나오셨는데 아르바이트를 해서 혼자 힘으로 학교를 나오신 대단하신 분이다. 우유배달, 신문배달에 버스에서 물건도 파셨다고 한다.

한번은 부인과 땅을 사러 돌아다니시는데 목도 마르고 배가 고파서 밭에 열려 있는 오이를 따서 먹었단다. 농부가 보고 있지는 않지만 피땀 흘려 키운 오이를 공짜로 먹을 수 없다면서 돈을 오이 밭에 돌로 눌러 놓고 오신 분이다. 한마디로 약속을 천금같이 알고 신의를 중시하는 내 멘토이신 분이다.

심 회장님의 작은 처남이 김성원인데 골프장을 만들기 위해 나에게 파트너로 소개해 주셨다. 나와 나이도 비슷해서 지금도 둘도 없는 친구로 지내는데 그때부터 둘이 골프장 건설을 위해 밤낮으로 뛰어다녔다.

여주시, 경기도청, 환경청에서 인허가를 받고 춘천골프장인 라데나C.C를 설계하셨던 김명길 씨가 설계하여 시공 및 분양까지 일사천리로 진행되었다. 그 골프장이 경기도 여주에 있는 이포 컨트리 클럽이다. 지금도 골프장 사장은 친구인 김성원이 하고 있다.

이포C.C를 처음 시작할 때 두산건설 중역회의에서 사장님이 골프장을 담당하는 배명근이는 골프를 치냐고 물어보셨단다. 담당 중역이 안 한다고 대답하니 골프도 못 치면서 무슨 골프장을 건설하냐고 당장 골프를 배우고 부킹은 사장님이 갖고 계신 골프회원권을 이용하라고 하셨단다. 그 고마움을 안다. 나를 위해 고종진 사장님이 배려하신 것을 말이다. 그래서 1989년부터 골프를 했으니까 빨리 시작을 한 편이다.

나의 동산토건 첫 해외현장인 사우디 홍해의 얀부 현장 공사 과장이셨던 한상남 부장님이 계셨는데 이포C.C를 시작할 당시 남태평양 피지에 도로공사 소장으로 계셨다. 1988년부터 해외여행 자유화가 시행돼서 직원들은 본인 부담으로 가족들을 데리고 와서 같이 살도록 했다. 나중에 이 사실을 안 사장님이 노발대발해서 소장을 당장 귀국시키라고 했다.

그렇게 해서 들어오면 갈 데가 마땅치 않을 것 같아서 심 회장님은 김성원이 설득하고 두산은 내가 추진하는 것으로 해서 이포골프장건설 현장소장으로 발령이 났다. 이포C.C를 멋있게 만드셨고 지금은 두산건설토목 당구회장을 하시는데 자주 만나고 있다.

골프장에서 가장 중요한 게 잔디인데 잔디는 물이 생명을 좌우한다. 보통 골프장은 부지 내에서 심정을 파서 자급자족을 하는데 갈수기에는 물이 부족해서 잔디가 타 죽는 일이 다반사다. 이포골프장은 남한강에서 물을 끌어와서 잔디용수로 쓰자고 내가 제안을 했다. 비용이 많이 들어서 곤란하다는 의견도 많았지만 설득을 시켜서 그렇게 했다. 지금은 갈수기에 다른 골프장들은 잔디가 말라 죽어서 야단인데 이포골프장 잔디는 파랗게 잘 유지되어 내 마음도 흡족하고 심 회장님, 김성원 사장이 고마워한다.

마산매립사업, 수정만 매립사업, 부산 사하구 매립사업, 강릉 파인힐스골프장과 호텔사업(나중에 매각) 및 건축개발사업 등 개발 사업부에 있으면서 많은 사업을 하였다.

개발 사업부에서 모셨던 박건동 회장님은 내게 인생의 가르침을 주신 고마운 분이고, 이포C.C의 심춘석 회장님은 인생을 어떻게 살아야 하는가를 보여주신 멘토 같은 분이시다.

박건동 회장님이 개발 사업부 중역으로 계실 때 몸이 아프셔서 휴직을 하셨는데 후임으로 이태희 부장님이 오셨다. 후에 두산 사장으로 계셨고 중앙대학교 상임이사로 계셨던 의리의 사나이 이태희 회장님을 만난 것도 행운이었다.

개발 사업부에서 파생된 레저사업팀을 맡고 있을 때 부서장들끼리 춘천 라데나C.C에 골프를 치러 가는데 한 친구가 어제 생일이어서 어쩌고 하기에 나도 생일이었는데 하고 말해 보니 둘이 생년월일이 같아서 그날 이후 지금까지 둘도 없는 친구로 친하게 지내고 있다. 이름은 황종관이며 나중에 ㈜두산 전무이사로 근무하다가 정년퇴직하였다.

내가 힘들고 어려울 때 묵묵히 나를 도와주는 정말 진국 같은 친구다. 역지사지 우연히 좌우명도 같다.

일도 일이지만 개발 사업부에 있으면서 보배와 같은 사람들을 만나게 된 것이 내게는 행운이라고 생각한다. 나중에 이분들 덕분에 자신감을 가지고 사업을 시작한 것 같다.

2002년 7월 부영에서 제주도에 골프장 2개를 건설하는데 제주 본부장을 맡아 달라는 제의가 왔다.

2002년 7월 31일 자로 두산건설에 사직서를 제출하고 8월 1일부터 제주도 부영 사무실에서 근무하게 된다. 근무를 하다 보니 두산과 부영의 문화 차이가 너무 커서 도저히 안 되겠다는 생각이 들어서 이중근 회장님께 그만두겠다고 말씀을 드렸다. 다른 곳으로 가기로 했냐고 물어보시기에 아니라고 했더니 그러면 건설면허를 내면 포항에 택지조성공사를 주겠다고 하신다.

회사를 세우다

부랴부랴 토공사업, 철근콘크리트공사업 면허를 내고 2003년 5월 22일 회사를 창립하였다.

회사명을 뭐로 할까 고민하다가 아버지가 하셨던 일광제재소를 잇는다는 뜻에서 큰형님에게 말씀드렸더니 좋다고 하셔서 일광건설(주)로 상호를 정했다. 자본금은 두산건설에서 받은 퇴직금으로 했다.

회사를 어떻게 운영할 건지 고민하다 "신의와 성실"을 우선으로 하고 어렵더라도 원칙을 중시하자고 생각했다. 이것이 회사를 운영해온 경영철학이다.

포항택지공사를 하면서 2003년 말에 현대건설이 하는 광양항 콘테이너 항만공사를 수주하였고 2004년 두산건설 영동대교북단

왕궁빌라 재건축사업 토공사를 필두로 대전 한진택배터미널 토목공사, 부산 해운대공사 등을 수주하여 사업을 확장하였고 직원도 많이 늘었다.

그러나 2006년 하던 공사들이 모두 끝나가고 수주가 연결이 안 되어 어려움을 겪게 된다. 이때 두산건설 개발 사업부에서 모셨던 이태희 부사장이 두산전자에 계시다가 두산건설 총괄부사장으로 부임하셨다. 이태희 부사장의 도움으로 광명하안 재건축사업을 수주하게 되어 회사 발전의 전기를 마련하였다.

큰형님 막내딸 남편인 조카사위가 진주고를 나오고 한양공대 토목과를 졸업하여 전문건설회사에서 근무하고 있었다. 우리 회사에 데려다 일을 시키니 포항, 광양현장 등 뒤처리를 잘하고 능력이 있었다. 강경태 일광건설사장으로 지금은 모든 일을 맡아서 잘하고 있다.

일광건설에서 시공 중인 서부내륙고속도로 현장

광명현장은 가서 살다시피 하면서 공사를 수행하였고 연이어 수주한 두산건설 창원 명지지구, 부산 청사포 재건축 현대건설과 두산건설 토목공사, 부영 제주 공사 등을 함으로써 안정적으로 회사를 운영할 수 있었다.

건강의 적신호

두산은 OB맥주, 백화양조 등 술이 기본인 그룹인 만큼 음주문화에 대해서는 굉장히 너그러운 회사이다. 특히 두산건설 개발 사업부에 있을 때는 정말 술을 많이 마셨다. 개발사업 수주한다고 사업주들과 마시고, 인허가 한다고 공무원들과 마시고, 인화를 위해 직원들과도 엄청 마셨다. 1주일에 8일은 술을 마신다고 했을 정도니…. 점심때도 마시고 저녁에도 마시고…. 점심때 반주하고 결재를 들어가면 사장님도 얼굴이 벌게서 결재해 주시고….

'모두모아주'라는 게 있다. 두산에서 나오는 술을 양푼에 다 섞는데 패스포트 양주, 처음처럼 소주, 마주앙 와인, 백화수복 정종, OB맥주 등을 다 섞어서 맥주 글라스로 원샷을 몇 번 하면 해롱해롱해진다.

사업을 시작하면서도 술을 많이 마셨다.

2010년 여름 어느 날 눈이 약간 흐릿해지면서 어지럽고 눈이 매운 증상이 나타났다. 잠깐 동안 그 현상이 나타나고 가만히 있으면 괜찮아져서 얼마간은 따로 조치를 취하지 않았다. 그러기를 반복해서 20년 동안 혈압 약을 처방해주는 개인병원에 가서 증상을 말하니 이제 나이가 들어서 그런 증상들이 올 수 있으니 일어날 때도 빨리 일어나지 말고 천천히 일어나고 술도 조금 줄이란다. 이비인후과에 가도 별 이상은 없다고 했다.

사무실이 압구정동에 있을 때인데 아침 일찍 헬스를 다녔다. 내가 워낙 일찍 헬스를 가니까 헬스장 열쇠를 내게 맡겨 주셨다. 그날도 새벽 5시에 헬스장을 가서 운동을 하는데 그 증상이 평소보다 더 심하다. 어지럽고 입술이 마비가 되는 것 같고 다리에 힘이 빠져서 서 있기가 힘들었다. 아무도 없는데 무슨 일이 일어나면 꼼짝없이 죽겠구나 하는 공포감이 엄습해 왔다. 바닥에 가만히 누워 심호흡을 크게 했다. 10분쯤 누워 있으니 안정이 됐다. 조금 더 누워 있다가 옷을 입고 서울대병원 응급실로 갔다. 건강검진을 서울대병원에서 계속 받았기 때문에 자료가 거기에 다 있어서 서울대병원으로 가는 게 나을 것 같다는 판단에서다.

응급실에 가서 증상을 말하니 몇 가지를 시켜본다. 그때는 또 정상이어서 시키는 걸 다 했더니 의자에 가서 앉아 있으란다. 와이프도 와서 같이 있는데 또 증상이 나타난다. 빨리 가서 의사에게 이야기를 하라 했더니 그제야 침상에 누우라 하고 곧바로 MRI를 찍으러 갔다. 1차 MRI를 찍고 침상에 누워 있는데 의사들이 부산해지고 전화를 하고 난리다. 나중에 보니 응급실에 뇌졸중 전문의가 없어서 신경과 교수와 통화하는 거였다. 사타구니를 약간 찢어서 뭘 집어넣고 조형제를 맞으면서 다시 MRI검사. 몸은 마비가 오는 것 같고.

MRI검사가 끝나니 척추에서 뇌로 올라가는 기저동맥이 막혔단다. 거기가 막히면 즉사라고…. 어떻게 살아 있냐니까 MRI는 안 나오는데 막힌 데 옆으로 가는 실핏줄로 피가 통해서 살아 있는 것 같다고 했다. 스턴트라든지 막힌 것을 뚫을 수는 없냐니까 그 부위가 위험한 곳이어서 어떤 조치를 하다가 사망할 수도 있어서 손을 댈 수가 없단다. 뇌졸중 집중 치료실로 옮겨서 피를 15분 간격으로 뽑고 피를 묽게 하는 헤파린이라는 주사약을 링거로 넣었다. 왜 이렇게 피를 자주 뽑냐니까 피의 농도를 맞춰야 하기 때문이라고. 옆에 사람들을 보니 마비가 돼서 움직이지 못하는 사람, 반 마비가 된 사람, 정말 끔찍했다. 나도 화장실을 가는데 다리에 힘이 없어서 걷기가 힘들다. 걸으면 곧 쓰러질 것 같은 생각이 들었다.

집중관리실에서 이틀을 있다가 병실로 옮겨졌다. 병실에서도 걷는 게 힘들었다. 창밖을 보니 푸르른 산과 활기차게 지나다니는 사람들. 맘껏 걷는다는 게 이렇게 부러운 일인지 몰랐다. 나도 활기차게 걸을 수 있을까?

14일을 병원에 있다가 퇴원하고 주의사항을 듣고 집으로 왔다.

비가 오면 베란다 의자에 앉아 앞산을 바라보고 멍 때리면서 생각에 잠기고. 살아왔던 일들이 주마등처럼 스쳐 지나갔다.

이렇게 있지만 정말 운이 좋은 사람 바로 나야! 아버지 돌아가시고 그 어려운 시절을 어머니와 큰형이 지켜주고 키워 주시지 않았으면 지금쯤 비렁뱅이가 되어 떠돌든지 아니면 나쁜 사람이 되어 감옥이나 가 있지 않았을까?

사회생활을 하면서도 한 번도 후퇴하며 잘못된 적이 없다. 계속 전진하며 지금까지 좋은 일만 계속되었지. 비록 지금 몸이 아프지만 즉사할 수 있는데 기적적으로 실핏줄로 피가 통해서 살아 있다니 정말 운이 좋고 하나님이 나를 세상에서 더 쓰실 용도가 있으신가 보다.

며칠 후에 아파트를 살살 걷고 방석을 준비해서 앞산을 갔다. 어지러우면 앉거나 누우려고.

그렇게 계속하니 걷는 게 나아지고 어지러움도 덜하다. 약은 아침저녁으로 빠짐없이 복용하고 서울대병원 신경과는 처음에는 한 달 간격으로 다니다가 3달 간격 요즘은 6개월 간격으로 다니고 있다.

처음에는 걷기만 하다가 7년 전부터는 이틀에 한번 스쿼트 100번, 팔굽혀펴기 15회씩 3세트 근력운동을 한다. 걷기는 보폭을 넓게 해서 빠른 걸음으로 50분씩 걷는다. 스쿼트는 정말 좋은 운동인 것 같다. 스쿼트를 한 후로 체력이 아주 좋아졌다. 감기도 잘 안 걸리는 걸 보면 면역력도 좋아진 것 같다. 술은 당연히 별로 안 마신다.

큰형님이 동아일보 편집부 국장으로 계시다가 정년퇴임을 하셨다. 압구정동에 회사가 있을 때 사촌 형과 큰형님이 회사에 자문역으로 출근을 하셨다. 심심치 않게 소일거리로 다니시라고.

그림도 그리시고 잘 다니셨는데 하루는 배가 아프시다고 개인병원을 가셨다. 암 같으니 큰 병원을 가보시라 해서 세브란스병원을 가서 검사해보니 위암이라고. 수술을 하고 항암치료도 받고 잘됐다고 했다. 3개월마다 병원에 다니셨고 병원에서 좋다고 했는데 2년 후에 가서 검사를 하니 위 뒤쪽에 생겼다고. 손을 쓸 수가 없단다. 계속 병원에 다니면서 검사도 하고 좋아졌다고 했는데…. 이럴 수가 다른 병원에서도 늦었다고 안 받아준다.

그러다 큰형님은 2011년 10월에 돌아가셨다. 향년 70세. 너무 허망하게 돌아가셨다. 정말 잘 모시려고 했는데 너무 안타깝다. 어머니께는 큰형님의 죽음을 안 알렸는데 어머니께서는 2년 후인 2013년 4월에 92세로 돌아가셨다.

생전에 어머니의 애창곡이 목포의 눈물이었다. 전자오르간을 배우면서 처음 배운 게 목포의 눈물이었다. 지금도 어머니를 생각하며 목포의 눈물을 자주 연주하곤 한다.

효도할 기회를 안 주고 두 분 다 그렇게 돌아가셨다.

에필로그

아버지의 갑작스러운 죽음으로 집안이 풍비박산 났지만 어머니의 살신성인과 같은 희생으로 아동기를 잘 자랄 수 있었다. 중, 고등학생 때는 큰형님의 헌신과 보살핌으로 잘 성장할 수 있었다.

사회에 나와서도 만나는 사람들마다 도움과 배움을 아낌없이 주셔서 큰 어려움 없이 생활할 수 있었다.

창업을 해서도 현장에 가면 발주처 소장들이 일광 직원들은 모두 하나같이 자기 사업하듯이 열심히 하냐고 하신다. 그렇게 직원들이 열심히 해준 덕분에 2023년 매출 1,180억, 직원이 80명이 되었다. 이제는 외형을 키우기보다 내실 있는 회사를 만들어야겠다고 생각한다.

뇌졸중으로 죽을 수도 있었지만 기적적으로 이렇게 건강하게 살아 있으니 좋은 일을 많이 하고 조금이라도 남을 돕는 인생을 살아야겠다고 다짐해 본다.

  나는 정말 운이 좋은 사람이다.
  인복도 그렇게 많을 수가 없다.
  이 모든 게 어머니, 큰형님 덕분이라고 생각한다.
  누구를 제일 존경하냐고 물어봤을 때 나는 서슴지 않고 대답한다.
  제일 존경하는 사람은 우리 어머니 이안순 여사이고,
  두 번째 존경하는 사람은 배중근 우리 큰형님이라고.

  이 저서를 내가 가장 존경하는 이안순, 배중근 두 분께 바칩니다.

CHAPTER 4

사랑하는 아이를 위한
엄마, 아빠의 부모코칭

아이들이 가지고 있는 특성을 이해하고,
아이들과 의사소통을 잘할 수 있는 방법을 배우는 것은 중요합니다.
이를 배움으로써 부모와 자녀 모두 긍정적인 관계를 맺을 수 있으며,
건강한 가정을 이룰 수 있습니다.

배 예 랑

Mobile 010-8980-8908
Email fjqmrkt@naver.com

학력 및 경력사항
• 고려대명강사최고위과정 20기 공저위원장
• 중앙대 아동청소년학과 석사 졸업
• 중앙대 아동청소년학과 박사 수료

자격 사항
• 보육교사 2급
• 아동미술지도사 1급
• 명강의명강사 1급
• 리더십지도사 1급
• 인성지도사 1급
• 부모교육상담사 1급
• 평생교육강사 1급

저서
• 고려대 명강사 25시(공저): 사랑하는 아이를 위한 엄마, 아빠의 부모코칭

들어가며

사람들은 누구나 어린 시절을 보내고, 부모님이 이루는 가정 안에서 엄마와 아빠, 그리고 형제들을 만나게 되고, 관계를 맺으면서 자라나게 됩니다. 그만큼 가족은 우리들의 삶에 있어서 중요한 존재이고, 떼어놓을 수 없을 만큼 큰 비중을 차지하는 존재입니다. 그렇기에 때로 자녀가 어릴 때 어떻게 해야 할지 방법을 모르거나 서툰 부모님을 보면 안타까운 생각이 듭니다.

사람들은 모두 어린 시절이 있지만 어렸을 때 살아 온 과정을 온전히 기억하고, 아이들의 생각과 행동을 자연스럽게 받아들이고 이해하기는 쉽지 않습니다. 그러므로 아이들이 가지고 있는 특성을 이해하고, 아이들과 의사소통을 잘할 수 있는 방법을 배우는 것은 중요합니다. 이를 배움으로써 부모와 자녀 모두 긍정적인 관계를 맺을 수 있으며, 건강한 가정을 이룰 수 있습니다.

　고려대명강사최고위과정에서 책을 집필할 수 있는 귀한 기회를 얻게 되었기에 이 기회에 고려대 명강사 원우 선생님들과 이 책을 읽으시는 모든 분들께 부모 코칭 이론과 실전 방법, 의사소통 방법에 대해 소개해드리고자 합니다.

사랑하는 아이를 위한 엄마, 아빠의 부모코칭 이론

피아제의 이론

아동 발달 이론의 대표적인 첫 번째 학자인 피아제Jean Piaget는 아동이 세상을 이해하고 사고하는 방식이 연령에 따라 어떻게 발달하는지 설명하는 인지 발달 이론을 제시했습니다. 그는 아동의 인지 발달이 네 가지 주요 단계로 나뉜다고 보았고, 각 단계에서 아동의 사고 능력과 논리적 사고방식이 달라진다고 주장했습니다.

피아제는 아동이 각 단계에서 고유의 사고방식과 논리적 이해의 발달을 통해 이전 단계에서 배운 개념들이 다음 단계로 연결된다고 주장하였습니다. 그리고 아동을 능동적인 탐험가라고 역설하면서, 단순히 정보를 받아들이는 수동적인 존재가 아니라 스스로 세상을 탐색하고 사고 능력을 발달시켜 나가는 주체적 존재임을 강조하였다는 데 큰 의의가 있습니다.

첫 번째, 감각운동기Sensorimotor Stage의 연령은 출생~2세로, 이 시기의 영아는 주로 감각적 경험과 신체적 운동을 통해 세상을 이해합니다. 영아가 약 9개월이 되는 시기에는 대상 영속성Object permanence의 개념을 획득하는데, 물건이 시야에서 사라져도 계속 존재한다는 개념을 이해하기 시작합니다. 예를 들어, 물건이 눈앞에서 이불로 덮어도 그 물건이 여전히 존재한다는 것을 알게 되는 시점입니다. 이 시기의 영아는 주로 직관적인 경험에 의존하여 세상을 탐구하고, 간단한 문제 해결을 시도하며 주변 환경과 상호 작용합니다.

두 번째, 전조작기Preoperational Stage 시기의 연령은 2세~7세로, 이 시기의 유아는 상징적 사고Symbolic thinking를 발달시킵니다. 즉, 사물이나 사건에 상상력을 동원하여 상징성을 부여하게 되고, 이를 통해 언어와 놀이가 크게 발달합니다. 이 시기의 유아는 다른 사람의 관점을 이해하는 데 어려움을 겪고, 자신이 보는 대로 세상이 움직인다고 생각하기 때문에 다른 사람의 입장에서 생각하지 못합니다. 또 유아는 아직 보존 개념Conservation이 발달하지 않아서 형태가 바뀌어도 물리적 속성(예: 무게, 부피, 수량 등)에 따라 물체의 양이나 크기는 변하지 않는다는 것을 이해하지 못하므로, 예를 들어, 물을 넓은 그릇에서 높은 잔으로 옮기면 물의 양이 더 많아졌다고 생각하게 되는 경향이 있습니다.

세 번째, 구체적 조작기Concrete Operational Stage의 연령은 7세~11세로, 이 단계에서 아동은 논리적 사고를 발달시킵니다. 그러나 여전히 구체적인 경험이나 실물에 제한됩니다. 이 시기의 아동은 물체의 물리적 속성이 변하지 않는다는 보존 개념을 이해하게 됩니다. 그리고 아동은 탈중심화를 통해 다른 사람의 관점을 이해할 수 있게 되고, 자기중심적 사고에서 벗어나 다양한 관점을 고려하는 능력이 발달합니다. 또 사물을 분류하거나 서열화하는 데 있어 더 논리적으로 사고합니다. 예를 들어, 크기 순서대로 물건을 나열하거나, 공통 속성에 따라 사물을 분류할 수 있게 됩니다.

네 번째, 형식적 조작기Formal Operational Stage의 연령은 11세~성인으로, 이 단계에서는 추상적 사고와 가설적 사고가 발달합니다. 아동은 가설-연역적 사고와 메타인지, 도덕적, 철학적 사고를 통해 물리적으로 존재하지 않는 추상적인 개념에 대해 사고할 수 있으며, 논리적인 방식으로 문제를 해결하는 능력이 발달합니다. 그러므로 아동은 특정 상황을 예측하고, 가설을 세워 이를 논리적으로 검증하는 사고 과정을 가질 수 있습니다. 예를 들어, "만약 A라면, B일 것이다."와 같은 논리적 추론을 할 수 있습니다. 또 자신의 사고 과정을 인식하고 조절하면서 비판적 사고와 문제를 해결할 수 있는 능력을 발달시키고, 추상적인 개념을 이해할 수 있으므로 도덕적, 철학적 문제에 대해 깊이 있는 사고를 할 수 있게 됩니다.

에릭 에릭슨의 이론

아동 발달 이론의 대표 학자인 두 번째, 에릭 에릭슨Erik Erikson은 인간의 성격 발달이 생애 전반에 걸쳐 이루어진다고 보고, 이를 심리사회적 발달로 설명했습니다. 그의 이론은 8단계로 이루어져 있으며, 각 단계는 특정한 심리사회적 위기crisis와 관련이 있습니다. 이 위기를 잘 해결하면 건강한 성격 발달과 사회적 관계 형성이 이루어지지만, 실패할 경우에는 성격 형성에 부정적인 영향을 미칠 수 있습니다. 각 단계는 이전 단계의 해결 여부에 따라 다음 단계에 영향을 미칩니다.

에릭슨의 이론은 인간 발달이 유아기부터 노년기까지 전 생애에 걸쳐 이루어지는 과정임을 설명하면서, 각 단계에서의 위기를 성공적으로 해결하면 건강한 성격과 긍정적인 사회적 관계를 형성하게 되지만, 위기를 해결하지 못하면 그 단계에 고착되어 이후의 발달에 영향을 미칠 수 있다고 설명했습니다. 에릭슨은 인간의 성장에 따른 사회적 관계에서의 심리적인 원동력을 구체적으로 강조했다는 점에서 큰 의의가 있고, 현대 심리학에 큰 영향을 미쳤습니다.

첫 번째, 신뢰 대 불신Trust vs. Mistrust의 연령은 출생~1세이고, 이 단계에서 영아는 기본적인 신뢰감을 형성해야 합니다. 주 양육자가 아기의 신체적, 정서적 욕구를 지속적으로 잘 충족시켜주면, 아기는 세상에 대한 신뢰를 형성합니다. 아이가 신뢰감을 형성하면 안정된 애착을 가지고 성장할 수 있지만 반대로, 기본적인 욕구가 충족되지 않으면 세상과 사람들에 대해 불신을 가지게 됩니다.

두 번째, 자율성 대 수치심Autonomy vs. Shame and Doubt 단계의 연령은 1세~3세이고, 이 단계에서는 아이가 신체적 자율성을 발달시키고, 스스로 할 수 있다는 자신감을 얻을 수 있습니다. 또한 배변 훈련이나 간단한 일상적 활동에서 자율성을 경험하면서 자신감을 쌓습니다. 아이가 자율성을 성공적으로 경험하면 독립심과 자신감을 얻을 수 있지만, 과도한 통제나 실패 경험이 반복되면 수치심이나 스스로에 대한 의구심을 느끼게 됩니다.

세 번째 단계인 주도성 대 죄책감Initiative vs. Guilt의 연령은 3세~6세로, 이 단계에서 아이는 스스로 목표를 설정하고, 이를 실행하려는 주도성을 발달시킵니다. 그러므로 놀이와 탐색 활동을 통해 자신의 능력을 확인하고 실험합니다. 주도성을 잘 발달시키면 아이는 자신의 행동에 대해 책임감을 느끼고 성취감을 얻지만, 과도하게 비판받거나 실패하면 과도한 죄책감을 느끼게 됩니다.

아동기의 마지막 단계인 네 번째 근면성 대 열등감Industry vs. Inferiority 단계의 연령은 6세~12세로 이 단계에서는 학업, 스포츠, 예술 등 다양한 사회적 과업을 통해 성취감을 얻고, 자신의 능력을 시험합니다. 학교나 또래 관계에서 자신의 능력을 인정받는 것이 중요합니다. 아이가 성공적으로 과업을 수행하면 근면성을 발달시키고, 자신의 유능함을 느낍니다. 하지만 실패나 부정적인 평가를 경험하면 열등감을 형성하게 됩니다.

　다음은 청소년기로, 다섯 번째 자아 정체성 대 역할 혼미Identity vs. Role Confusion 단계의 연령은 12세~18세이고, 청소년기는 자신에 대한 자아 정체성을 확립하는 시기입니다. "나는 누구인가?"라는 질문을 통해 자신의 가치관, 직업, 성 역할 등을 탐색하고, 이 과정에서 또래, 사회적 기대, 자아 탐색이 중요한 역할을 합니다. 자아 정체성을 잘 확립한 청소년은 자신의 미래와 가치관을 명확히 설정할 수 있지만, 혼란을 겪을 경우, 스스로에 대한 역할 혼미를 경험하면서 정체성에 대한 혼란을 느끼게 됩니다.

　성인기의 첫 단계이자, 여섯 번째 단계인 친밀감 대 고립감 Intimacy vs. Isolation 단계의 연령은 18세~40세로, 성인이 되면 친밀한 인간관계를 형성하고 맺는 것이 중요한 과제가 됩니다. 그러므로 이 단계에서는 사랑, 우정, 결혼과 같은 관계를 통해 진정한 친밀감을 느끼고 타인과 깊은 관계를 형성하려는 욕구가 강해집니다. 만약, 친밀감을 성공적으로 형성하면 관계에서 안정감을 느끼지만, 그렇지 못하면 고립감이나 외로움을 경험하게 됩니다.

　일곱 번째, 생산성 대 침체감Generativity vs. Stagnation 단계의 연령은 40세~65세로, 중년기에는 자신의 일이나 가족, 사회에 기여하려는 욕구가 커집니다. 이 시기에는 자녀 양육, 직업적 성공, 사회적 공헌을 통해 생산성을 느끼게 됩니다. 성공적으로 사회에 기여했다고 느끼면 삶의 보람을 느끼게 되지만, 그렇지 않으면 침체감이나 자기중심적 태도가 나타날 수 있습니다.

마지막 여덟 번째 단계인 자아 통합 대 절망Integrity vs. Despair 단계의 연령은 65세 이후로서, 이 시기에는 자신의 삶을 회고하며 삶의 의미와 성취감을 평가하는 시기입니다. 자신의 인생을 긍정적으로 평가하면 자아 통합을 이루지만, 후회나 미련이 크다면 절망감을 느끼게 됩니다. 자신의 삶을 만족스럽게 평가한 사람은 평온함과 지혜를 얻게 되지만, 삶에 대한 후회가 많은 사람은 절망감에 빠질 수 있습니다.

사랑하는 아이를 위한 엄마,
아빠의 의사소통

　아이의 발달 과정에서 부모의 공감은 매우 중요한 요소입니다. 공감은 부모가 자녀의 감정과 경험을 이해하고, 그에 대한 반응으로 지원하고 소통하는 태도를 의미합니다. 부모가 아이의 감정을 이해하고 지지해 주면 아이는 자신이 공감받는다고 느끼게 되면서 정서적인 안정감과 편안함을 느끼게 됩니다. 부모의 정서적인 공감을 통해 아이는 자신의 감정을 표현하는 것이 안전하다고 느끼게 되고, 이는 건강한 정서 발달로 이어질 수 있습니다. 그리고 아이가 편안함과 안정감을 느끼게 해 불안이나 스트레스를 줄여주며, 아이가 부정적인 감정을 건강하게 처리할 수 있는 능력을 기르도록 도와 행복한 아이로 자라도록 만들게 됩니다.

　두 번째, 부모의 공감은 아이의 자아존중감과 자아 정체성을 긍정적으로 형성하는 데 큰 도움을 주게 되므로 중요합니다. 아이는 자신의 감정을 인정받고 존중받는다고 느끼면서 자신의 가치를 더 높게 평가하게 됩니다. 이는 자아존중감을 높이고, 스스로의 긍정적인 이미지를 형성하는 데 큰 영향을 미칩니다. 또한 부모가 아이의 감정을 공감하고 수용하는 것은 부모와 아이 간의 신뢰 관계 구축에 중요한 역할을 합니다. 즉, 아이는 부모님이 자신을 이해하고 지지해 준다는 것을 느끼게 됩니다. 긍정적인 대화와 상호작용이 부모와 아이의 친밀한 관계 형성의 토대가 되므로, 공감적인 태도는 중요합니다.

마지막으로 부모의 공감은 아이가 다른 사람의 감정을 이해하고 존중하는 법을 배우는 데 중요한 역할을 합니다. 부모가 자신의 감정을 공유하고, 아이의 감정을 공감하는 과정을 통해 아이는 사회적 기술을 발전시키고, 친구들과의 관계에서 더 나은 상호작용을 할 수 있게 됩니다. 부모가 아이의 감정을 인정하고 공감할 때, 아이는 자신의 감정을 표현하는 법을 배울 수 있습니다. 이 과정은 아이가 감정을 인식하고 적절하게 조절하는 데에 큰 도움을 주고, 정서적 표현 능력이 향상되어 대인관계에 긍정적인 영향을 미치게 됩니다. 그러므로 부모의 공감은 아동의 정서적, 사회적, 인지적 발달에 긍정적인 영향을 미치며, 아동의 전반적인 행복과 자아존중감을 높이는 데 중요한 역할을 합니다.

공감이란 꼭 모든 행동을 무조건적으로 수용해야 한다는 의미가 아닙니다. 단지 아이가 현재 느끼는 감정과 기분을 인정하고, 알아주고 공감해주면서 아이에게 정서적 안정감을 주게 되면 아이 스스로 감정을 인지하고, 차분하게 감정과 기분을 정리할 수 있게 됩니다. 그러므로 아이의 감정과 생각에 공감해주는 것은 매우 중요합니다.

또 부모가 공감하는 마음을 아이에게 표현하는 것은 매우 중요합니다. 공감을 효과적으로 표현하는 방법에 대해 구체적으로 알아보면, 우선, 아이의 말을 적극적으로 경청하면서 아이가 말하는 내용을 주의 깊게 듣고, 이해하려고 노력해야 합니다. 그들의 감정을 확인하고 반응함으로써, 아이가 자신이 존중받고 있다고 느끼게 해주는 것이 중요합니다.

두 번째는, 아이가 감정을 표현할 때 언어로 표현해줍니다. 예를 들어, "네가 지금 기분이 안 좋구나. 왜 그런지 이야기해 볼래?" 같은 방식으로 아이의 감정을 확인하고 인정해줍니다.

세 번째 방법은 때로는 아이를 포용하거나 손을 잡는 등 신체적 접촉 방법인 스킨십을 통해 공감해주고, 아이에게 안정감을 줄 수 있습니다. 또한 아이가 힘들어하면, "그런 기분이 들 수 있어. 이해해." 또는 "정말 힘들겠다."와 같은 공감적인 반응을 보여줍니다. 이러한 반응은 아이가 자신의 감정을 더 잘 이해하고 받아들이는 데 도움을 줍니다.

마지막으로 부모가 자신의 경험을 공유하면 아이가 감정을 이해하는 데 도움을 줄 수 있습니다. "엄마도 그런 경험이 있었어. 엄마도 그럴 때 힘들었어."와 같은 말로 아이가 겪는 감정에 대해 공감할 수 있습니다.

아이와의 공감적인 의사소통을 위한 화법에는 'I 전달화법'과 'you 전달화법'이 있습니다. 이는 대화에서 상대방과의 소통 방식을 설명하는 두 가지 방법입니다.

먼저 I 전달화법은 화자가 자신의 감정이나 욕구를 주체적으로 표현하는 방법입니다. 이 방식은 일반적으로 "나는 ~하다." 또는 "내가 ~할 때 ~하게 느낀다."와 같은 형식을 사용하여 개인의 감정과 경험에 중점을 두게 됩니다. 예를 들면, "나는 네가 늦었을 때 걱정이 돼서 불안했어.", "네 이야기를 들으니까, 내가 소중하게 여겨진다고 느껴져." 등의 방식으로 표현할 수 있습니다.

You 전달화법은 상대방의 행동이나 태도에 초점을 맞추어 표현하는 방식입니다. 그러므로 주로 "너는 ~한다." 또는 "네가 ~할 때 ~하다."와 같은 형식으로 사용하게 되고, 상대방의 행동에 대해 평가하거나 비판하는 경향이 있습니다. 예를 들면, "네가 항상 늦어서 나를 불안하게 해.", "네가 나에게 무관심하게 대해서 나는 화나." 등과 같이 표현하는 방식입니다.

I 전달화법은 화자의 감정과 생각에 초점을 두고, you 전달화법은 상대방의 행동에 초점을 두는 방법입니다. 이 두 가지 방식은 대화의 초점과 의사 전달의 방식에서 차이를 보이고, 특히 갈등 해

결이나 감정 표현에서 중요한 역할을 합니다. 또한 I 전달화법은 "나는 ~" 형식을 사용하여 부드럽게 감정을 표현하고, you 전달화법은 "너는 ~" 형식을 사용하여 직접적으로 행동을 지적하게 되는 경향이 있습니다. 그래서 I 전달화법은 상대방이 방어적이 되지 않게 하여 긍정적인 대화로 이끌 가능성이 높고, you 전달화법은 상대방을 공격적으로 느끼게 하여 갈등을 유발할 수 있습니다. 따라서 부모는 자녀에게 I 전달화법을 통해 자신의 감정을 솔직하게 표현하고, 아이의 감정을 존중하며, 서로 간의 소통을 원활하게 하는 것이 중요합니다. 이는 건강한 부모 자녀 관계를 형성하고, 아이의 정서적 안정감과 사회적 기술 발달에 큰 도움을 줄 수 있습니다.

아이를 사랑하는 엄마, 아빠를 위한 부모코칭 수업 방법

부모 교육 및 코칭 수업에 참여하는 방법에는 첫 번째, 전문가 주도 워크숍 및 세미나가 있습니다. 상담전문가, 아동 발달 전문가 등이 주도하는 워크숍을 통해 자녀 양육에 대한 과학적이고 실용적인 정보를 얻을 수 있고, 실제 적용 가능한 사례들을 기반으로 한 수업을 배울 수 있습니다.

두 번째, 온라인 교육 프로그램을 통해 시간과 장소에 구애받지 않고 교육을 받을 수 있도록 온라인 강의나 웹 세미나Webinar에 참여할 수 있습니다.

세 번째, 비슷한 상황에 있는 부모들이 서로의 경험을 공유하고 조언을 나누는 모임도 매우 유익합니다. 서로의 어려움을 공감하며 실질적인 해결책을 찾는 데 도움이 되고, 다른 부모들과의 네트

워크를 통해 지속적인 지원을 받을 수 있습니다.

네 번째는, 개별 맞춤형 상담을 통해 자녀의 발달이나 부모의 상황에 따라 개별적인 도움을 받을 수 있습니다. 1:1 개인적인 상담을 통해 맞춤형 지원을 받고, 이를 통해 부모는 자신의 상황에 맞는 구체적인 조언을 얻을 수 있습니다.

마지막으로, 부모 코칭은 한 번의 교육으로 끝나는 것이 아니라 지속적인 피드백과 수업을 받는 것이 중요합니다. 부모들은 알게 된 내용을 실제로 잘 적용하고 있는지 점검하고, 추가적인 수업이나 도움이 필요한 부분을 위해 지속적으로 노력하는 것이 중요합니다.

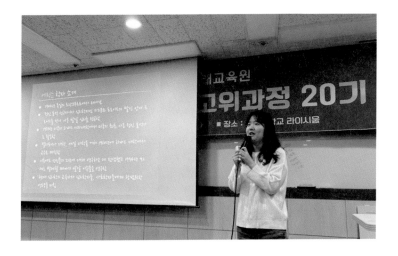

화가의 꿈이 아닌
아동학을 공부하게 된 이유

유치원을 다닐 때부터 미술유치원을 다니면서 그림 그리는 걸 너무 좋아해서 화가가 꿈이었고, 항상 화가가 꿈이라고 말하고 다녔습니다. 초등학교 4학년부터 미술학원에 다니기 시작했고, 공부하는 것보다 미술에 더 올인했던 저는 아동미술 디자인학과에 진학하면서 처음으로 아동발달론과 부모 교육 방법론에 대해 접하게 되었습니다. 그때까지는 아이들은 부족하고, 그저 잘 모르는 존재라고만 생각했는데, 아동학을 공부하고 나서는 '어렸을 때 겪게 되는 감정들과 경험들이 성인이 되었을 때의 삶에도 영향을 미칠 수 있고, 이후의 생각에도 중요한 영향을 미칠 수 있겠구나.'라는 생각이 들었습니다. 그리고 어느새 부모 교육에 대한 생각으로 가득 차고, 계속 고민하고 생각하고 있는 저를 발견하게 되었습니다.

우리는 모두 어린 시절을 보냈지만 어린 시절의 과정을 기억하고, 아이들의 생각과 행동을 온전하게 이해하기는 쉽지 않습니다. 그러므로 부모가 되어 아이들을 잘 이해하고, 긍정적인 의사소통을 할 수 있는 방법을 배우는 것은 중요합니다.

서일정 총장님의 고려대명강사최고위과정을 공부하면서, 공저 워크숍에서 진행한 조영순 운영 강사님의 글쓰기 핵심 노하우 특강을 수강하면서 작가로서 갖춰야 할 태도와 긍지에 대해 배우게 되어서 너무 감사드립니다. 또 공저 책을 집필할 수 있는 기회를 주셔서 너무 감사드립니다. 공저 책을 집필하는 데 큰 도움을 주신 이문재 운영 강사님과 이두안, 유병태, 신은주, 김경학, 이지현, 구경희, 장선옥, 유연서, 이치연, 주양선, 정영신, 그리고 저희 아빠인 배명근 회장님을 포함한 사랑하는 모든 원우 선생님들께 감사드립니다. 사랑하는 고려대 명강사 원우 선생님들과 이 책을 읽으시는 모든 분들께 유익한 도움이 되길 진심으로 바랍니다.

CHAPTER 5

삶의 변곡점에서 깨달은
성장 이야기

폴란드 시인 비슬라바 쉼보르스카의 외침처럼
우리는 연습 없이 태어나 연습 없이 죽는다.
같은 날도 없고 동일한 눈빛도 없다.
오늘 이 시간이 중요하다.

신은주

Mobile 010-4410-0176
Email shinryu1004@naver.com

학력 및 경력사항

- 고려대명강사최고위과정 20기 여성수석회장
- 고려대학교 경영정보대학원 문학석사
- 세종시 농업기술센터 소장
- 농촌진흥청 기술자문 위원(2015, 2016)
- 한식조리사 실기 심사위원
- 세종 전통장류박물관 상임고문(2019, 2020, 2021)
- KIST. 제8기 국가미래전략 고위과정(ASP) 수료
- (주) 샘표 우리 맛 발효학교 수료(2019)
- 제1기 가든 매니저 과정 수료(산림청)
- 제7기 동국대학교 국제 자연치유사과정 수료

강의 분야

- 발효음식 / 노인교육, 평생교육

자격 사항

- 사회복지사 1급
- 유기농업 기사
- 한식조리사
- 명강의명강사 1급
- 평생교육강사 1급
- 부모교육상담사 1급
- 노인교육강사 1급

수상 내역

- 새마을 청소년지도유공 농촌진흥청장 표창(1985)
- 제1회 농촌지도공무원 강의 기범경연대회 최우수상(1991)
- 충남도지사 우수시책발굴 표창(1988)
- 복지부장관표창(1991)
- 농림수산부장관표창(1993)

저서

- 고려대 명강사 25시(공저):
삶의 변곡점에서 깨달은 성장 이야기

프롤로그

　고려대명강사최고위과정의 수강은 2막 인생의 새로운 도전을 위한 발판이 되고 있다. 영국의 철학자 라슬렛(P.Laslet, 1989, 인생의 신선한 지도)이 정의한 퇴직 후부터 맞이하는 건강한 생활 30년인 제3기 인생은 제1기 인생(출생~취업 전 30년)과 제2기 인생(취업~퇴직 시 30년)에 이어 지난날을 되돌아보며 이후 남은 인생의 새로운 전환점이 되겠기에 로또에 당첨된 기분이다.

　"삶에 두 번 일어나는 것은 하나도 없고, 일어나지도 않는다. 그런 까닭으로 우리는 연습 없이 태어나 실습 없이 죽는다. 어떤 하루도 되풀이되지 않고, 서로 닮은 두 밤도 없다. 같은 두 번의 입맞춤도 없고, 하나같은 두 눈 맞춤도 없다."(폴란드 노벨문학상 수상자, 비슬라바 쉼보르스카)라고 말한 작가의 마음에 사로잡혔다. 건강 악화

후 사망에 이르는 제4기 인생의 전인 황금 같은 제3기 인생을 보다 더 소중히 여기며 보내야겠다.

호주의 작가 브르니 웨어Bronni Ware는 그의 저서 『내가 원하는 삶을 살았더라면』에서 죽음을 앞둔 사람들이 가장 후회하는 다섯 가지를 들었다. 그는 남의 평판에 신경 쓰며 산 것, 일만 하며 인생을 허비한 것, '사랑한다'라는 말을 하지 못하고 감정을 억누른 것, 친구의 소중함을 깨닫지 못한 것, 행복을 위해 살아보지 못한 것이라고 지적했다. 이 글은 생활 속에서 무심히 지나친 우리들의 실수를 되돌아보며, 앞으로 살아갈 날에 대해 감사해하며 제2막 인생의 나침판이 되는 데 교훈을 준다고 생각한다.

무관심 속에 보낸
유년 시절

아버지는 당시(1960년대) 산업의 중심 자원인 문경 은성광업소에서 근무하셨다. 신은주라는 내 이름은 그 시절 대부분 여자아이들의 이름과는 달리 비교적 세련되었다는 말을 여러 번 들어왔다. 이는 단지 은성광업소의 관사에서 출생한 연유로 아버님께서 지역명에서 첫 글자를 따고 구슬같이 예쁜 딸로 자라주길 바라시며 지어 주신 것이다. 위로 두 언니와 세 오빠들은 학령기가 되면서 대구로 전학하여 학교에 다녔으며 훗날 두 남동생들이 아버님 사망즈음 연년생으로 태어났지만 내가 부모님의 막내 사랑과 귀여움을 독차지하였다. 하지만 폐쇄된 관사 생활로 늘 친구도 없이 외톨이로 가족들 관심 밖의 어린 시절을 보냈다.

아버지가 돌아가시자 관사를 비워야 했기에 서울로 이사를 하였다. 8남매 중 여섯째인 나와 어머니 그리고 두 동생들이 보낸 서울 생활은 힘들고 암울했다. 사춘기를 지금 한성대 초입 한옥마을에서 보내며 동구여중에 입학하였다. 학창 시절에 만난 선생님 중 가장 인상 깊고 나에게 문학의 감성을 갖게 하여 주신 『사랑 굿』 시인 김초혜 선생님은 유명한 『태백산맥』 저자 조정래 작가님의 부인으로 고령에도 지금까지 문인으로 활동하고 계신다.

동구여중은 성북동의 동쪽 언덕에 자리하고 있고 여성운동의 선구자 김활란 박사님이 세우셨기에 크리스마스 부활절 등 종교적 기념일에는 이화여대 대강당에서 전교생이 함께 예배를 드렸다. 그 시절 틈만 나면 도서관을 찾아 한국 문학, 이름도 모를 수필집들을 다독한 결과 훗날 '청심'의 고교서클 활동 시 많은 도움이 되었다. 졸업한 선배님들이 서대문 인근에 동아리 방을 마련해 주셔서 매주 화요일에 모여 10분 스피치, 문학발표 열띤 주제 토론을 펼쳤다. 예를 들면 '성선설과 성악설' 등의 토론은 결론이 없었다. 하지만 이러한 사춘기 시절의 논쟁은 나름 스스로의 가치관을 형성하고 성장하는 데 큰 계기가 된 듯하다.

40년 세월 속에 꿰어 온
구슬 보따리

첫발을 내디딘 공직의 시작은 1979년 11월 1일 농촌진흥청 부여 군 농촌지도소 발령이었지만 10. 26 박정희 대통령의 서거로 국장이 끝난 후 11월 7일 자로 부임하였다. 70~80년대 우리의 사회구조는 농촌 거주 인구가 많았으며 대부분 최종 학력이 초등, 중등학교 졸업으로 상급학교 진학률이 매우 열악했었다. 그러했기에 미국의 엔더슨 박사가 세계 청소년들의 계몽을 위해 펼친 4-H 정신이 농촌 청소년들의 인성교육과 사회활동에 크게 기여하였다. 마침 초임 발령을 받던 날은 일 년 중 가장 큰 행사인 4-H군경진 대회가 열리고 있었고 사무실은 전시관으로 변하였으며 청소년 회원들이 재배한 농산물과 1년간 기록한 과제장, 읍면 대항 오락 경연 등 대학에서의 축제 형태로 온통 사무실이 잔칫집같이 떠들썩

했다.

행사가 끝난 다음 날 선배 지도사님을 따라 마을회관에서 농촌 여성을 대상으로 식생활 교육을 하게 되었다. 사전 조율도 없이 무조건 2시간을 교육하라는 지시에도 당황하지 않고 대학에서 가정학을 전공하였기에 차분히 다섯 가지 기초 식품군을 주제로 하여 특히 단백질 섭취를 강조하였다. 그 당시 농촌의 아이들에게는 단백질 섭취가 절대적으로 부족하여 맹꽁이 배에 머리가 탈색되는 건강상 이상증세가 나타나고 있어 너무 안쓰러웠다. 하여 축산을 전공한 남자 직원들이 번식력이 뛰어나고 초식을 하는 토끼를 잡아주어 토끼 강정, 토끼 탕수육 등을 실습하였더니 담백하고 너무 맛있다며 당장 토끼를 길러야겠다고 이구동성이었다.

첫 번째 담금질

농번기에 방치된 유아들의 안전한 보육을 위해 부지깽이도 움직여야 한다는 봄 모내기 철과 가을의 추수기 철에 60일간 탁아소를 운영하였다. 바쁜 일손 때문에 부모님들이 아이들을 그늘 아래의 바구니 속에 담아 방치하는 동안 뱀에게 물리거나 아이가 살금살금 기어나와 우물에 빠지는 등 위험한 상황이 속출하였다.

우선 가장 시급한 것은 아이들을 돌보아 줄 보모 교사 선정이었다. 자정 가까운 시간까지 그 당시 유일한 출장 수단인 선배 지도사의 오토바이 뒤에 매달려 오십여 명의 보모 대상 아가씨들을 설득하고 집에 돌아오면 입안이 온통 먼지로 서걱거렸다. 보육해줄 보모가 선정된 후에는 아이들이 가지고 놀 장난감이 필요하였다. 교육청에 의뢰하여 학생들에게 집에 방치하고 있는 장난감을 한 점 이상씩 가져오도록 협조를 구하였다. 아이들의 간식 만들기는 어머님들의 도움으로 가능하였다.

열정과 애정을 가지고 이 년여 동안 사업을 추진하였다. 전두환 대통령의 영부인인 이순자 여사께서 유아 보육에 남다른 관심이 있으셨다. 그간 농촌진흥청에서 오 년여 기간 심혈을 기울인 농번기 탁아소 사업을 하루아침에 행정력이 좋은 지금의 행정안전부인 내무부로 이관시킬 때는 너무나도 속상했지만, 그 사업이 오늘날 전국의 어린이집으로 이어졌기에 한편으로는 뿌듯하다.

안방보다 더 좋아진 농가 부엌

농번기 탁아소 운영이 타 부서로 이관된 후 시작한 새로운 과제는 농촌주거 환경 개선인 부엌 개량 사업이다. 산에서 채취한 나무와 농림부산물을 땔감으로 이용하였기에 그을음이 많이 나왔고 재래식 아궁이 부뚜막은 낮아서 작업 자세가 아주 불편하였다. 또한 부엌 안에 수도시설이 없어서 작업 동선도 길고 문턱을 수차 오르내리기가 무척 힘들었다. 이러한 점들을 보완하여 싱크대 조리 작업대 가스레인지를 설치하였더니 작업 동선이 매우 편리해졌으며 작업 자세도 많이 개선되었다. 부엌 개량 사업을 관내 전 농가에 보급하는 데는 십여 년 이상의 시간이 소요되었다. 부엌을 고치시라고 설득과 권유를 하면, 종갓집이고 메주를 쑤어야 하고 대가족이라 가마솥이 꼭 필요하다는 등 반대하는 이유들이 많았다. 하지만 입식 부엌으로 고쳐지고 나니 안방의 TV, 냉장고 식탁이 부엌으로 옮겨지고 그야말로 다이닝 키친Dining kitchen이 되어 가족문화의 중심 공간이 되었다. 그간 교육 도중 점심때만 되면 엉덩이를 들썩이고 눈치를 보며 출입문을 바라보는 교육생들에게 학생이 수업 도중 어디를 가느냐고 호통을 쳤다. 하지만 당시 농촌의 며느리들은 어르신들의 식사를 꼭 챙겨야만 했다. 그러한 것들도 부엌 개량 후에는 가부장적인 농촌의 남성, 어르신들이 스스로 식사를 챙겨서 드시게 되니 자연스럽게 가사 분담이 이루어졌다.

내 이름은 '김금순'

부엌 개량 이후 시작한 프로젝트는 농촌 여성들의 자기 이름 찾기였다. 대부분의 농촌 여성들은 누구의 엄마, 아내, 며느리나 시집오기 전 택호로 불렸다. 결혼과 동시에 이름을 잊어버리고 살았다.

그래서 부모님이 지어 주신 명찰을 가슴에 달고 참가하는 생활개선회 하계 수련회를 기획하였다. 행사 장소를 물색하던 중 천안의 태조산 수련원을 답사하였더니 마침 요가를 하시던 주민들의 매트가 있어 아쉬운 대로 바닥 깔개로 활용하고 개인별 침구는 각자 지참하게 하였다. 식재료는 집에서 재배한 과일, 김치, 쌀, 야채 양념 등으로 해결하였다. 차량은 다행히 군청의 통근버스를 배차 받을 수 있었다.

행사의 메인 프로그램은 초청 강연이었다. 한남대학교 총장이 셨던 김형태 교수님의 "우리는 무엇으로 사는가?"의 주제 강연이 있었고 강연 시 모든 교육생들이 숙연한 가운데 경청하였다. 강의 도중 교육생 한 분이 가슴을 부여안고 호흡을 곤란해하셔서 매우 당황했다. 이유는 가슴이 미어지는 감동이 밀려와 숨쉬기가 어려 웠다고 했다. 억압되고 존재감 없이 지내온 농촌 여성들이 자아의 식을 찾게 되고 가치관을 가지게 되는 그야말로 획기적인 의식변 화의 동기가 되었다.

행사의 피날레로 촛불 의식을 가졌다. 지역별로 선발된 12명의 대표들이 5분 스피치를 하다 보니 그 사연이 구구절절 감동으로 이어져 전 회원들이 눈시울을 적셨다. 사십여 년 전, 촛불 의식과 캠프파이어는 농촌 여성들에게 생소한 문화적 충격이었다. 호랑 이 관리자로 엄격하고 보수적이었던 소장님이셨기에 여성 200여 명이 관내를 벗어난 숙박으로 진행되는 수련회는 절대로 말도 안 되는 행사이고 더구나 예산도 전혀 없었기에 맨땅에 헤딩이었다. 하지만 여러 번 건의를 드리고 또 드려 어렵게 설득하여 추진한 결 과는 대성공이었다.

자격증 전문시대를 연 한식조리사

IMF가 발생하던 해 남편이 미국 뉴저지주 럿거스대학에서 박사 후 연수를 하게 되어 아들과 딸도 함께 유학을 가게 되었다. 나를 제외한 가족 모두는 도착과 함께 바로 예정된 일정으로 바쁘게 지냈지만, 유학 휴직을 한 나는 학기가 아직 시작되지 않아 3개월 동안 무료한 시간을 보내야 했다. 태어나 처음 교회에서 아이들 중식 봉사 활동을 하였다. 한식처럼 요란 복잡한 작업이 아니었고 핫도그 샌드위치, 야채, 과일 등 비교적 손쉬운 조리법이었다. 이후 8월에 시작된 MBA과정은 아주 얇은 미농지 재질에 900여 페이지의 책을 눈이 아프게 읽고 소화해야 하는 어려운 공부였으나 다행히 만족스러운 성적을 받았다.

이듬해 복직하여 한식 조리사 자격증 취득 과정을 개설하였다. 유학 시절 주방에서 일했던 경험에서 아이디어를 얻어 모집공고를 내었더니 다행히 90여 명이 응모하여 무사히 성원이 되었으나 문제는 교육생들의 학력이 초등학교 졸업부터 대학교 졸업생이었으며 연령 또한 60세 이후도 있어 참으로 난감하였다. 이론으로 다섯 과목을 가르쳐야 했는데 이 중 제도와 법규 과목은 반복 암기로 가능하였으나 식품학, 조리학 등은 전문지식이 필요했다. 시중에 나와 있는 한식 조리사 이론 서적을 모두 구입하여 강의 자료를 가장 알기 쉽게 작성하고 생활 속의 지혜로 풀어서 강의하였다. 58종의 조리 실기 과목은 분임을 묶어 대여섯 가지의 요리를 공동으로 실습하게 하였고 강평을 거쳐 효과적으로 학습을 진행하는 기지를 발휘한 결과 조리학원 합격률보다 월등히 높은 80% 이상 500여 명이 자격증을 취득하였다.

당시 조치원에는 학원이 없었기에 인근의 대전이나 청주로 가야 하는 불편함이 있었다. 200만 원이 넘는 학원비를 순수 재료비인 8만 원만 부담하게 하였고 수강 시간도 3개월에서 2개월로 단축시켰다. 다행히 교육생들이 장마철이라 억센 소낙비에도 한 명도 빠짐없이 택시를 타고 정해진 시간에 참석하는 열의를 보이며 열심히 따라 학습해 주어 훗날 세종시가 전국에서 가장 젊은 도시로 신설 학교 20여 개가 개교되었을 때 취득한 자격증이 조리사 취업에 아주 요긴하였다며 무척 고마워했다. 지금도 세종시 식당에 가면 제자 조리사들이 상당히 반갑게 맞아준다.

나는 농업인의 선생님

직원 시절에는 알고 있는 지식을 지혜롭게 전달함으로써 농업인의 복지와 농가소득 향상이 주된 임무였다. 과장을 거쳐 소장이 된 후에는 국가의 정책이 잘 실현되도록 직원 관리와 조직의 위상 강화, 예산 확보 등의 미션이 추가되었다. 농업인의 선생님이 되어 처음 접한 업무로 매년 초에 새해 영농 설계 교육을 관내 전 농업인을 대상으로 실시하였다.

작목별로 기술교육과 생활 개선 교육을 하루에 6시간씩 하게 었으므로 중식을 드렸다. 부임 초기에는 빵과 우유를, 후에는 잔치국수나 떡국 급식을 하였다. 강사님들은 40여 회 실시하면서 같은 메뉴를 매번 먹다 보니 다소 지겨웠으나 지금은 그리운 추억의 음식이다.

마을 구석구석을 순회하며 새로운 영농 기술과 생활 개선 과제를 보급하였다. 벼농사는 모농사가 반농사라고 한다. 한 해 농사의 중심이 되므로 비중을 두고 전 직원이 꽃샘 바람이 시작되기 전까지 교육하였다. 마치 마을마다 다니는 트럭슈퍼차처럼 찾아가던 지도사업이 교육시설이 갖추어지고 농업인의 기동력이 나아지면서 찾아오는 교육으로 발전되었다. 시스템의 변화로 전문교육 과정을 일회성이 아닌 장기과정의 심화반으로 추진하였다. 전국에서 유능한 강사진의 교체 출강으로 지금은 세계 최고의 기술농업인으로 수준이 향상되었다. 이렇게 갖추어진 기술력을 점조직으로 확대하기 위해 분야별 연구회를 조직하였다. 상호정보 교환과 더 나아가 최종 목표인 농업인의 소득 향상을 위해 정보화 능력 마케팅교육도 병행하였다. 그 후 현장 기술력이 겸비된 농업전문가 양성을 위해 농업인 대학을 1년 과정으로 개설하였다. 수료식에는 학사 가운을 입고 가족과 지인들의 축하 속에 수료증을 드리며 자부심을 갖게 하였다.

세계에서 주목하는 우리 맛, 발효식품

발효란 미생물이 자신의 효소로 유기물을 분해시켜 유익한 물질(아미노산, 유기산, 향기, 색, 기능성 물질)을 만들 수 있는 현상이다. 우리나라의 콩을 주재료로 한 장류 발효, 김치 발효, 식초 발효, 젓갈 발효는 건강한 먹거리로 섭취되고 있다. 70년대 생활개선지도 사업의 과제로 배양한 종균을 이용한 개량 메주를 보급하였다. 지금은 기업에서 시판 장류로 출시되어 요식업소나 마트에서 판매되고 있다. 집집마다 김치 맛이 다르듯이 장맛도 균의 특성과 발효 과정에 따른 테크닉으로 각자 브랜드 있는 전통 장을 제조하여 로컬푸드 매장이나 각종 이벤트 행사 시 판매되고 있다.

이명박 대통령 영부인께서 한식의 세계화를 적극적으로 추진하였으나 큰 효과를 거두지 못했다. 아마 그때 우리나라의 국가적 지위와 위상이 지금보다 낮았기 때문인 듯하다. 앞으로 머지않은 시간에 우리의 우수한 발효식품들이 K푸드로 전 세계 건강한 먹거리로 시장을 점유할 것이다.

세 살 때 먹은 된장이 여든까지 간다는 장류 가공업체의 캐치프레이즈가 있다. 맞는 말이다. 어려서부터 전통 장을 먹도록 민과 관이 함께 노력할 필요가 있다. 장의 주재료인 콩은 종주국이 우리나라이다. 삼국사기 문헌에 의하면 혼례 시 폐백 이바지 음식으로 메주를 보냈다 한다. 예전 고구려 땅인 만주가 원산지라고 추정한다. 후에 중국과 일본으로 건너갔다. 장은 콩으로 만든 두장이다.

일본의 장은 전분(쌀, 보리, 밀)과 함께 발효시켜 맛이 달큼하고 짜지 않아 젊은 세대들은 일본의 미소와 같은 원리로 제조된 시판 장을 선호한다.

우리의 전통 장은 메주와 소금만으로 만들고 있다. 만드는 과정에 따라 고추를 이용한 고추장, 발효 중간에 메주를 건져 으깨어 되게 만들어진다는 된장, 녹아내린 소금의 짠맛으로 만들어진 간장 등 각기 다른 형태로 우리 음식의 기본 소스로 활용되고 있다.

국민의 안전한 먹거리를 만드는 애국자

1960년대 이전의 보릿고개가 통일벼의 보급으로 식량이 자급화되었다. 이는 박정희 대통령의 과단성 있는 지도력과 지도 사업의 혁혁한 공이다. 녹색혁명은 우리나라 성장 기반의 기틀이다. ICT 기술 융합의 창조농업과 농촌의 상생은 농업에 있어 새로운 패러다임이다. 안전하고 균형 잡힌 먹거리가 로컬푸드로서 생산자와 소비자 간 직거래로 만나 새로운 유통구조로 정착되었다. 농가들은 자신의 이름으로 얼굴 있는 농산물에 값을 매기고 출하함으로써 농업인의 소득이 보장되었다. 또한 대량생산 출하가 아니고 소규모 다양한 품목으로 가까운 거리에서 재배되어 소비자를 만난다. 소비자들은 지도기관에서 엄격히 검사하고 검증한 안전 농산물을 식탁에 올릴 수 있는 로컬푸드를 전국농협 하나로마트와 고속도로 휴게소에서 손쉽게 구입할 수 있다.

로컬푸드는 전북 완주군에서 처음 시작되었으나 가장 성공한 시장은 세종시다. 2014년 이춘희 시장이 취임하시어 시정 2대 주요 사업인 로컬푸드 사업을 효과적으로 세종시에 정착시키기 위해 바쁜 시정에도 매주 정례적으로 토의도 함께 하시고 보고도 받으셨다. 지도기관에서는 안전한 농산물의 연중 공급을 위해 생산자 연합회를 조직하였다 농사일을 마치고 피곤한 가운데에도 밤늦은 시간까지 서로 머리를 맞대고 작부 체계를 협의하였다. 농업인의 의식개선을 위해 수차례 집합 교육도 실시하였다. 지금 3개소의 전문 매장이 세종시 소비자들의 사랑 속에 전국 최고의 매출을 올리고 있다. 도농 상생의 가장 성공한 모델이다.

2012년 상전벽해(桑田碧海)로 행정중심도시가 된 세종시

도농 상생을 위해 로컬푸드와 함께 마련된 것은 신도시 인근 주말농장인데, 시민들이 가족과 함께 다양한 작물 재배를 체험하며

녹색 식생활을 실천하고 있다. 웰빙 문화를 추구하는 시민의 눈높이에 맞춘 녹색 생활화 공개강좌와 가정원예 식물병원에서는 아파트 주민들에게 화초 가꾸는 요령과 화분 분갈이 실습을 해주고 있다. 인성 함양에 가장 중요한 시기인 학생에게는 원예 활동 프로그램으로 옥상 상자 텃밭 가꾸기, 고추, 벼를 재배 시범포에서 직접 재배해 봄으로써 생명의 소중함을 경험하는 차세대 농부 교실을 운영하고 있다. 기존에 지역 공동체를 형성하던 농민과 새로이 유입된 도시민 간에 유대관계를 위해 농촌 어메니티 자원을 활용하여 농산물 고부가가치 마케팅인 팜 파티를 비즈니스의 모델로 풀어내고 있다. 이 외에도 세종농촌체험 한마당에서는 교육농장 체험농장에서 생산한 농산물 판매와 야생화전시회를 개최하고 있다. 정년퇴직이 없고 신선한 농산물을 나눌 수 있으며 흙 밟고 새소리 들으며 적당한 육체노동으로 건강한 생활을 할 수 있는 귀농

귀촌인도 인기리에 확대되고 있다.

도농 상생으로 엮이는 농촌의 미래

세계적인 투자전문가 짐 로저스는 "농업은 향후 가장 인기 있는 산업이며, 앞으로 20년간 가장 선망이 되는 직업은 농부가 될 것"이라고 예견했다. 미국의 경제 전문지 포브스도 향후 10년간 가장 유망한 6개 투자 분야의 하나로 농업을 꼽았다. 미래학자 토마스 트레이 역시 "미래 농업은 기술 혁신과 융합되면서 가장 멋진 직업이 될 것"이라고 했다.

우리나라 농업도 정보통신기술ICT, 생명 공학 기술BT, 나노기술NT 등 다양한 첨단기술과의 융복합을 통해 신성장 동력으로 거듭나고 있다. 이제 농업은 단순히 먹거리 생산 기능 외에도 농촌의 다원적 무궁무진한 자원을 도시민에게 제공함으로써 도농이 함께 더불어 사는 삶의 가치 창출의 장으로 거듭나고 있다.

넘어져도 일어나는
오뚜기 총장

남편과의 인연은 참 남다르다.

남편은 10남매의 8번째로 부지런하고 근엄하신 아버님과 한없이 자애로우신 어머님으로부터 가업을 이어가는 농업 후계자로 지목을 받았다. 그리하여 중학교를 졸업하고 농사를 지었으나 군대 전역 후 형님들만 공부하느냐 나도 해야겠다는 남편의 대반란이 있었다. 쌀과 부식인 고추장만 가지고 가출하여 유성의 독서실에서 공부하여 3개월 만에 9급, 7급 공무원을 동시에 합격하였다. 9급 공무원으로 먼저 발령을 받았기에 나와 한 부서에서 근무하는 인연이 되었다.

6개월 후 경상북도 금릉 군청에 다시 7급 공무원으로 발령받아 근무하던 중 새로운 꿈을 위해 기술고시에 도전하였다. 1차는 어려움 없이 통과하였으나 2차에 연이은 실패를 거듭하였다. 가족 중 두 분의 형님과 형수님이 국공립대 교수로 재직하고 계셨기에 우리 부부는 논의 끝에 진로 수정을 하고 대학원 진학을 하여 충남대학교에서 석, 박사학위를 받았다. 그 후 농촌진흥청 농업 연구사로 전직하여 130여 편의 논문 발표와 기능성이 뛰어난 항산화 기능성 슈퍼자미쌀, 당뇨 억제성분인 탁시폴린을 함유한 슈퍼홍미쌀을 개발하여 미국과 일본에 특허 등록을 하는 괄목할 만한 결과를 내었다. 그러한 성과는 대한민국 100대 연구 성과로 인정되어 교육부 장관으로부터 포상을 받기도 했다. 일본의 나고야대학에서의 객원 연구원, 국비 지원 미국의 뉴저지주 주립대학인 럿거스대학의 박사 후 연수가 큰 도움이 되었다.

1998년에 모교인 한국방송통신대학교 출신 1호 교수로 임용되었다. 남편은 또 다른 목표로 한국방송통신대학교 총장직에 도전을 결심하였다. 그러나 철벽같은 학연의 문턱이 높아 아쉽게도 2차 결선투표에서 근소한 차이로 낙선하였다. 4년 후 전열을 다시 가다듬고 재도전하여 압도적인 지지로 당선되었다.

보직교수들의 조직도도 꾸리고 만반의 총장 준비를 하고 준비를 한 출근 첫날, 교육부로부터 청천벽력 같은 임용제청 거부라는 공문이 왔다. 특별한 이유와 사유도 밝히지 않은 채 3년여 시간이 흘렀다. 그 과정에 학생과 동문들이 교육부, 청와대, 대학로에서 수차례에 걸쳐 임용촉구 집회를 했는데, 추운 겨울 차가운 바닥에

보온 깔개를 깔고 전국에서 모여 참여했다. 10만 명 동문들이 총
장 임명제청 촉구 서명도 받았으며, 심지어는 여학생들의 삭발 시
위까지 이어졌다. 국감에서도 임명제청 거부 사유를 밝히라고 촉
구가 이어졌다. 주요 언론 사설에서도 몇 차례 부당함에 대한 기사
를 실었으나 교육부에서는 전혀 답을 주지 않았다. 결국 차기 정권
으로 바뀌고 대법원판결이 난 다음에야 임용이 되었다.

제주도의 한라산, 지리산 천왕봉, 설악산 대청봉 등 전국의 명산
을 남편과 함께 올랐는데 돌이켜 보니 그 시간들은 우리 부부에게
있어 보다 인생의 내실을 다지며 고민하는 가운데 반추하며 잃어
버린 시간이 아니라 익어가는 시간이었다.

선현에게서 지혜를 구하다

청천벽력青天霹靂 같은 어려움이 우리 가정에 닥쳤을 때 선거에 이

기고도 대통령의 발령이 나지 않아 기다리는 3년 5개월은 결국 소송으로 이겨내야 했다. 경북대, 충남대, 부산대, 공주대 등 9개의 국립대학이 총장 없이 운영되었다. 남편이 있는 방송대만 유일하게 다시 총장이 임용되었다. 다른 대학들은 재선거를 하거나 2순위 후보자를 총장으로 임용하는 역사상에 없었던 일이 벌어졌다. 이 어려움을 이겨내는 데 인내와 뚝심, 선현들의 지혜가 아니었으면 다른 대학들과 같이 정부의 권력에 굴복할 수밖에 없었을 것이다. 이때 400여 년 전의 서애 류성룡과 200여 년 전의 다산 정약용의 지혜가 아니었으면 이겨 내지 못하고 총장직은 영원히 저의 남편과는 멀어졌다고 생각한다.

1) 서애 류성룡의 농환재弄丸齋가 주는 지혜

조선의 왕, 선조는 송강 정철과 서애 류성룡을 기용하여 조정을 피바다로 만들며 왕권을 유지하였다. 훗날 선조는 악독한 정철이 선한 선비 1천여 명을 유배나 사형을 하였다고 분노하여 그를 유배시켜 57세의 나이로 강화도에서 비참하게 생을 마감하게 했다.

반면 서애 류성룡은 50세에 이르러 좌의정이 되었고, 1592년 임진왜란 발발 시 7년 동안 나라를 지키기 위해 그야말로 혼신의 노력을 기울인다. 그 후 병조판서, 영의정에 임용되었으나 북인으로부터 주화론자라는 일부의 모함으로 파직된다. 파직된 그날은 그가 천거한 이순신이 노량해전에서 전사한 날이기도 하다. 전쟁

후의 냉철한 현실 인식을 통해 후일을 대비하게 하려는 충정으로 『징비록』이 탄생하게 된다. 조국의 미래를 위해 『징비록』을 집필했음에도 불구하고 임진왜란을 막지 못한 자신의 실책을 명확하게 언급하지 않은 한계도 있다. 서애는 『징비록』을 다 쓰고 나서 1604년 안동의 학가산 골짜기에 초당을 짓고 농환재弄丸齋라 이름을 지었다. 농환재의 위치는 현재 잡초만 무성하여 정확한 위치를 추정할 수 없다.

그는 이곳에서 말년을 정리했다. 그는 이곳에서 "사람들이 사사로운 욕심에 빠져 염치를 잃어버리는 까닭은 만족을 모르기 때문이다."라고 기록을 남겼다. 병환이 심해진 다음에는 "안정을 위해 조화造化로 돌아갈 따름이다."라고 하면서 병문안을 사절하였다는 기록이 있다. 그는 농환재에서 병세가 악화되자 선조에게 유표를 적어 올렸다. "덕을 닦아 정치의 도를 확립하고, 공정히 보고 들으며 백성을 기르고 어진 이를 임용할 것이며, 군정을 닦고 훌륭한 장수를 가려 뽑으며 장례를 후하게 치르지 말도록 하십시오."라는 유언을 남기고 1607년 66세의 나이로 서거하였다.

2) 다산 정약용의 사의재四宜齋가 주는 지혜

조선왕조 500년, 왕조 초기에 세종대왕이 있었다면 후기에는 정조대왕이 있었다. 세종 때 집현전이 있었다면 정조 시대에는 규장각이 있었다. 정조 시대 대표적인 신하를 꼽자면 다산이었고 물고

기가 좋은 강물을 만나 마음껏 헤엄치는 모습을 표현한 '어수지계魚水之契'라는 말이 있다. 정조와 다산은 그야말로 진정한 '어수지계'였다.

정조의 총애를 받던 18년은 다산의 전성기였다. 정조가 죽자, 다산은 모함으로 18년의 오랜 귀양살이가 시작된다. 18년 이 기간은 얼마나 서러운 세월이었을까. 그러나 다산은 직접적으로 서럽고 고달프다는 말을 한 적이 없었다. 이를 극복하고자 저술한 『심서(心書)』에서 안타까움을 전하고 있을 뿐이다.

다산의 숭고하고 어진 꿈을 되새기기 위해 남편과 함께 강진의 사의재, 다산초당, 남양주의 묘소를 찾았다. 사의재(四宜齋)는 다산이 1801년, 강진으로 유배 와서 가장 어려웠던 5년을 묵은 곳이다. "네 가지를 올바로 하는 이가 거처하는 집"이라는 뜻을 담고 있다. 다산은 생각과 용모와 언어와 행복, 이 네 가지를 바로 하도록 자신을 경계했던 것이다. "생각을 맑게 하되 더욱 맑게, 용모를 단정히 하되 더욱 단정히, 말(언어)을 적게 하되 더욱 적게, 행동을 무겁게 하되 더욱 무겁게" 할 것을 스스로 주문했다.

다산에게 사의재는 창조와 희망의 공간이었다. "어찌 그냥 헛되이 사시려 하는가? 제자라도 가르쳐야 하지 않겠는가?" 사려 깊은 주막 할머니의 이 한마디에 자신이 편찬한 『아학편』을 주 교재로 삼아 귀양살이 중에도 많은 제자들을 모아 가르치며 연구와 저술에 몰두했다. 다산은 주막 할머니와 그 외동딸의 보살핌을 받으며 1805년 겨울까지 5년간을 이곳에 머물렀다. 정약용은 아들에게 "인생은 약한 풀과도 같고 하루아침에 풀잎에 맺힌 이슬과도 같다."고 말했다. 또한 그는 아들과 조카에게 "문자를 잘 익혀 세상을 밝게 하라."는 말로써 세상을 밝히고 세상에 쓰임이 있는 진정한 학문을 하라고 말했다. 정약용은 어느 순간에도 공부를 포기하지 말아야 하고 분노를 견디지 못한 나머지 현실을 피해 도망가면 무지렁이 인생으로 끝나고 만다고 거듭 충고했다.

서애 류성룡과 다산 정약용의 이러한 삶에 대한 자세는 내게도 큰 울림으로 다가왔음은 물론이고, 우리가 고난을 헤쳐 나갈 때 꼭 필요한 지혜라 아니할 수 없다.

3) 강원도 춘천에 응식재凝息齋를 완성했다

응식재는 "휴식을 모아 미래를 준비하는 집"이라는 뜻이다. 3년 5개월 인고의 세월을 보내고 우리 부부는 서애 류성룡의 농환재, 다산 정약용의 사의재에서의 역사적 의미를 담아 류수노와 신은주의 희망의 공간인 응식재를 짓기로 마음먹었다.

드디어 남편이 2018년 2월 14일 국립 한국방송통신대학교 총장 임기를 시작하면서 봄부터 응식재를 짓기 시작하여 여름에 완성하고 다음과 같이 다짐하였다.

우리에게 주어진 세상에 제가 어디까지 와 있는지 모르지만 이제부터는 마음공부에 진력하겠다.

주어진 몫 이상의 것을 요구하지 않겠다.

털어내는 일에 게으르지 않도록 하겠다.

불필요한 경쟁을 하지 않을 것이다.

진흙에 더럽혀지지 않는 연꽃처럼

그물에 걸리지 않는 바람처럼

소리에 놀라지 않는 사자처럼

비난과 칭찬에도 흔들리지 않고

홀로 행하고 게으르지 않으며

그렇게 살아야 한다고 소원한다.

버려야 할 것에 미련 두지 않고

하지 않아도 될 일과 하지 말아야 할 일 앞에서

머뭇거리지 않겠다.

내 인생 다음 페이지

　2018년 퇴직을 앞두고 남은 여생에 대한 준비 과정으로 여러 기관에서 컨설팅을 받았다. 요지는 '3 3 4'법칙이다. 여생의 30%는 봉사하고 30%는 스스로의 건강관리, 나머지 40%는 그동안 좋아하지만 일에 밀려 못하고 미루었던 것에 배분하라는 조언이었다.

　퇴직 이듬해부터 3년간 세종 전통 장류 박물관에서 상임고문으로 봉사할 수 있는 감사한 기회가 주어졌다. 주 임무는 박물관 고객들에게 발효에 대한 이론 강의와 장류, 두부 만들기 체험 지도였다. 세종 전통 장류 박물관은 손동욱 대표님께서 어머님의 그윽한 손맛을 이어 가기 위해 전국에서 장독을 수집하시고 수려한 조경으로 주변을 가꾸시어 지금의 뒤웅박 고을로 만든 세종시의 명소이다. 교육 대상은 학교 영양사, 학생들의 단체 이벤트 행사, 자녀들과 함께하는 아빠 엄마 교실, 복지기관의 소외계층들로 매우 다양하였다. 대상별 눈높이에 맞추어 강의안을 만들어 수업을 하였다. 나의 계획대로 바로 피드백이 있었기에 너무나 즐거웠다.

이후 코로나로 박물관이 폐관되었다. 이 기간 중 공직 시 발효나 장류 가공은 많이 접했지만 좀 더 체계적인 공부를 하기 위해 ㈜샘표에서 운영하는 우리 맛 발효학교에 입학하여 심화 교육을 받았다. 젊은 학생은 물론 심지어 외국인까지 발효를 알기 위해 너무 진지하게 열의를 가지고 참여함에 우리 맛의 밝은 미래를 볼 수 있었다. 재직 시에는 새로운 과제에 대한 부담으로 그에 맞는 자기 개발을 해야 했지만 이제는 스스로 나를 깨우치고 머무르지 않는 삶을 만들기 위해 필살기 자기 개발을 시작하였다.

KIST의 국가미래전략고위과정(ASP)에서 급변하는 국내외 상황에 필요한 고위공직자들의 창조적 사고역량, 미래 전략개발을 통한 4차산업혁명을 구체화하는 주제 강의를 수강하였다. 다소 어렵고 생소하였지만, 시대의 트렌드로 새로운 자극이었고 동문회 활동을 통해 앞으로도 동참하려고 한다.

그리고 산림청에서 지원하는 제1기 Garden Manager에 입학하였다. 탄생과 멸종이 반복되는 자연의 이치를 바탕으로 내 손으로 나만의 정원을 가꾸는 공부를 하였다. 동국대학교 국제 자연치유사과정에도 등록하여 현대 의학에 의존하지 않고 자연의 섭리로서 인체를 다스리는 공부도 하였다. 그간 40여 년 동안 강의를 하였고 상록수 심훈 선생님의 정신을 이어 왔기에 이제는 그만 쉬겠다는 안일한 생각에 매서운 채찍을 준 고려대명강사최고위과정에 감사한다.

폴란드 시인 비슬라바 쉼보르스카의 외침처럼 우리는 연습 없이 태어나 연습 없이 죽는다. 같은 날도 없고 동일한 눈빛도 없다. 오늘 이 시간이 중요하다. 2,500년 전에 선현(공자)이 한 말이지만 오늘날에도 유효하다고 생각하여 다시 한번 되새겨본다. 근자열원자래近者說 遠者來, "가까이 있는 사람을 기쁘게 하면 멀리 있는 사람이 찾아온다."고 했다. 내가 살아가는 동안 죽비 같은 삶의 경구로 삼고 살아가고자 한다.

CHAPTER 6

자연이 가르쳐준
인성과 나

우리는 진실하고 좋은 사람을 사귀어야 한다.

새로운 사람을 만나는 것은 새로운 지혜를 얻는 것이라 생각한다.

그 인연에 무엇을 바랄 것이 아니라

무엇을 주면 즐겁고 기쁠 것인지를 생각하고

소금과 같은 인연으로 이어가야 할 것이다.

유병태

Mobile 010-5302-8888
Email ulleung_gun@naver.com

학력 및 경력사항

- 고려대명강사최고위과정 20기 교육회장
- 중앙대학교 행정대학원 고위정책과정 수료
- 경희대학교 체육대학원 최고지도자CEO과정 수료
- 서울벤처대학원대학교평생교육원최고위과정 수료
- 경일대학교 일반대학원 행정학과 지적학 박사 수료
- 한세대학교 행정대학원 경찰학박사 졸업
- 독도경비대원 특수훈련 및 정비차 독도경비 부대장 근무
- 독도 헬기장 건설 및 정부 멸구 사업 특수임무
- 서울지방경찰청 강력과 폭력계 근무
- 서울중앙지검 북부지청 특수부 근무
- 서울중앙지검 민생합동수사본부 근무
- 경찰청Interpol국제범죄수사대(인터폴 가입 198개국) 근무
- 대통령소속의문사진상규명위원회 수사심의위원
- 정부삼청교육대국가보상심의위원회 심의위원
- 한국유도실업연맹부회장(전)
- (사)한국프로레슬링협회부회장(전)
- 정부중앙부처공무원연합회회장(전)
- 재경경상북도울릉군향우회회장(전)
- 청와대 대통령경호실경호요원 심사위원(전)
- 서울시공무원테니스연합회회장(전)
- 한나라당중앙위원회부위원장(전)
- 한국자유총연맹자문위원(전)
- 서울벤처대학원대학교 교수협의회 회장(전)
- 서울벤처대학원대학교 CEO 창의적 교수법 교수평가위원(전)
- 재경대구경북시도민회자문위원(현)
- 독도 간도 센터연구위원(현)

- 대한민국 독도의용수비대 기념관 운영위원(현)
- 대한민국 독도의용수비대 33인
  가족 협의회 회장(현)
- 남서울대학교평생교육원 사설탐정사관학교
  지도교수(현)

자격 사항

- 노인교육강사 1급
- 명강의명강사 1급
- 무도태권도공인 4단 / 유도공인 4단
- (사)한국선수트레이너협회자격증 10종
- PIA 사설탐정사 / PIA 사설탐정지도강사
- 아로마테라피강사
- 건강학강사 / 기체조강사
- 서비스교육강사
- 인성지도사 1급
- 심리분석상담사 1급
- 건강관리사 1급

수상 내역

- 홍조근정훈장(대통령) 및
  대한민국 청소년 대상 등 35회 포상

저서

- 울릉도에 핀 무궁화 꽃
- 고려대 명강사 25시(공저):
  자연이 가르쳐준 인성과 나

자연은 내 삶의 스승,
산은 나의 주치의

내 고향 울릉도에는 성인봉, 고향 떠난 이후 37여 년 동안 살아온 서울에는 북한산.

달랑 손전등만 든 채 꼭두새벽의 어둠을 헤치며 북한산을 오를라치면 숱한 상념들이 꼬리를 물고 따라온다.

자연(自然)은 나의 삶에서 대사전이요, 대스승이다. 나의 인생에 창의적 지혜와 세상 모든 가르침을 주는 큰 스승, '산山'은 나의 정신과 육체의 건강을 관리하는 주치의이다. 그러나 나의 삶은 『사기』의 저자 사마천의 말에서 유래된 '큰 양에 비해 아주 작은 양' 또는 '큰 전체에 비해서 굉장히 작은 부분'이라는 뜻의, '아홉 소의 한 가닥 털'이라는 구우일모九牛一毛에 불과하다. 2천 년 전 만들어진 『사기』는 총 130편에 52만 6,500자로 이루어져 있는데, 동양의 역사서 중 최고로 손꼽히는 역사 고전이다.

나는 태어나면서 삶과 죽음이라는 두 가지의 선물을 받고 태어났다. 그 두 가지 선물 중 죽음은 예정된 선물인데 하늘의 뜻에 잘 순응하면서 삶의 가치와 세상을 위한 희생과 봉사의 가치에 따라 받을 수 있는 삶의 선물보다 더 크고 소중한 최고의 선물로서 어떻게 주어질지는 모른다. 나는 누구인가. 두말할 나위도 없이 나는 자연의 일부이고, 그렇다면 자연의 순리에 맞춰 살아가야 하는 것 아닐까. 다른 사람을 알려고 하기에 앞서 자기 자신을 알아야 한다. 자기 자신도 모르면서 왜 남을 알려고 하는 것일까. 다른 사람에 대해 알고자 하면 자기 자신부터 알려고 공부해야 한다. 그것이 바로 수신修身과 수양修養의 출발점이다. 나는 진인사대천명(盡人事待天命: 사람이 할 수 있는 일을 다 하고 하늘의 명을 기다린다)과 수신제가치국평천하(修身齊家 治國平天下: 몸과 마음을 닦아 수양하고 집안을 가지런하게 하며 나라를 다스리고 천하를 평한다)를 가슴에 새기고 오늘도 진실한 삶을 위해 최선을 다하며 자신을 채찍질한다.

새로운 사람을 만나는 것은
새로운 지혜를 얻는 것이다

인간은 자연처럼 살아야 한다. 공룡의 멸종과 같이 성장을 멈추면 소멸하는 것이 자연의 진리이듯, 자연이 변화하고 움직이는 대로 자신을 변화시키고 움직여야 한다. 자연에 봄·여름·가을·겨울 4계절이 있듯이, 우리 인간사에는 희喜·노怒·애哀·락樂이 있다. 이렇듯 우리는 자연의 변화에 순응하면서, 봄에 씨 뿌리고 가을에 수확하듯이 순리적으로 자연스럽게 살아야 한다. 그런데 바람에 날려가는 하잘것없는 안개와 구름에 북한산처럼 웅장한 명산의 아름다움과 그 늠름한 자태가 감춰지는 경우도 없지 않다. 하물며 인간의 진실과 그 모습은 음해와 모략으로 얼마든지 가려질 수 있다. 그런 음해와 모략에 말려들지 않으려면 매사에 신중해야 한다.

산의 정상은 준비된 사람만 오를 수 있다. 산은 준비되지 않은 사람에게 정상을 내주는 법이 없다. 우선 기초체력이 튼튼해야 하고, 정상에 오를 만한 실력과 저력이 있어야 한다. 반면, 준비되지 않은 사람은 어영부영 정상에 올랐다 해도 곧바로 내려올 수밖에 없다. 추운 겨울 산의 정상에는 매서운 바람이 휘몰아친다. 정상에 오르기 위해 착실히 준비한 사람에게는 그 바람이 시원하게 느껴진다. 하지만 준비하지 않은 사람에게는 추워서 견딜 수 없고, 살을 에는 모진 바람으로 느껴지게 마련이다. 그리고 그런 사람은 정상을 밟자마자 곧 내려올 수밖에 없는 것이다.

따라서 준비의 중요성은 아무리 강조해도 지나침이 없다. 냉장고에 많은 식재료를 준비한 주부는 어떤 손님이 오더라도 그 손님의 취향에 맞는 음식을 내놓을 수 있다. 하지만 냉장고를 텅텅 비워둔 주부는 아무리 귀한 손님이 와도 그분의 취향에 맞는 음식을 내놓을 수가 없다. 인간사란 매사가 그렇다. 어떻게 준비했느냐, 어느 위치에서 무슨 일을 하느냐에 따라 그 사람의 정신세계와 인생관이 결정된다. 예컨대 쌀 한 됫박을 놓고 보더라도 직접 농사지은 사람과 그것을 사서 먹는 사람 사이에는 소회가 다를 수밖에 없다. 직접 농사지은 사람은 쌀을 훨씬 더 소중하게 다루는 반면, 그렇지 않은 사람은 농사지을 때의 땀과 눈물의 값어치를 덜 느끼게 된다.

당연한 말이지만, 이 세상은 나 혼자만의 무대가 아니다. 많은 사람들이 어울려 다양한 가치관을 형성하고, 그것을 잘 수렴하여 옳은 방향으로 이끌어갈 때 희망찬 미래를 기대할 수 있다. 만일 저 혼자 잘났다고 우기면 우물 안 개구리로 전락해 다른 사람의 모든 일도 그르칠 수밖에 없다. 따라서 이이^{이율곡}는 "군자는 의義로움을 근본으로 하고 소인은 이利로움이 없으면 행하지 않는다."고 하였다. 대인은 훌륭한 인물을 섬길 줄 안다. 반면, 소인은 저 혼자 잘났다는 착각에 빠진 나머지 아무리 훌륭한 인물이 나타나도 알아보지 못하게 마련이다. 그리고 그 주변에는 비슷한 수준 미달의 인간들만 모여들 수밖에 없는 것이다.

모름지기 제아무리 잘난 사람이라도 주변이 깨끗해야 한다. 가령 가까운 곳에 그림 같은 멋진 집이 있다고 치자. 하지만 주변이 지저분하고 오물로 덮여 있다면 그 아름다움은 퇴색될 수밖에 없다. 나 자신의 청렴을 유지하는 것은 물론 주변도 깨끗하게 닦아야 할 것이다. 사람의 운명은 누구를 만나느냐에 따라 결정된다. 지저분한 사람을 만나면 자신도 지저분해질 수밖에 없고, 깨끗한 사람을 사귀면 다 함께 깨끗이 살아갈 수 있다. 또 사귀는 상대방이 어떤 사람이냐에 따라 사람의 운명이 좌우되고, 더 나아가 공동체의 미래가 결정된다.

여기 좋은 나무 한 그루가 있다고 하자. 그 나무가 정원사를 만나면 한층 더 아름답게 가꿔질 것이고, 목수를 만나면 목재가 되어 어느 건축물에 요긴하게 쓰일 것이며, 나무꾼을 만나면 땔감이 되어 별 볼 일 없는 화목火木으로 불에 탈 것이다. 환자가 병원에 갔

을 때에도 예외가 아니다. 명의^{名醫}를 만나면 쉽게 병을 고칠 수 있
지만 엉터리 의사도 아닌 돌팔이를 만나면 이내 '마루타'가 될 수
도 있다. 따라서 우리는 진실하고 좋은 사람을 사귀어야 한다. 새
로운 사람을 만나는 것은 새로운 지혜를 얻는 것이라 생각한다. 그
인연에 무엇을 바랄 것이 아니라 무엇을 주면 즐겁고 기쁠 것인지
를 생각하고 소금과 같은 인연으로 이어가야 할 것이다.

인성은 개인의 인생과 운명을 바꾸는 원동력

삶의 목적은 성공, 건강, 행복일 것이다. 어떤 고통스러운 상황과 현실에서도 즐거움과 감사, 기쁨을 찾아내고 희망을 잃지 않는 인생이 성공한 삶의 정상에 가까운 삶이다. 그 삶의 기본이 인성이며 그 인성은 진실이다.

인성이란 사람의 됨됨이를 말할 때 쓰는 것으로, 사람의 성품 그리고 각 개인이 지니고 있는 사고방식과 행동, 태도 등의 특성을 말하는 것이다. 타고난 인성과 성질은 잘 변하지 않는데 갈고닦으면서 수련하면 지혜로운 방향으로 발전시킬 수 있다. 인간이 살아가면서 없어서는 안 되고, 생명을 유지할 수 있도록 해주는 존재가 물, 햇볕, 소금, 산소 등과 같은 자연이듯이, 성공한 인생의 기본이 인성이라는 것이다. 이처럼 삶에서 갖추어야 할 것이 바로 인성이다.

최근 들어 한국 사회에서 전인교육에 관한 관심이 상당히 높아지고 있다. 그 이유는 사람들의 인성 결핍으로 인하여 패륜범죄가 급증하고, 지속적인 사회병리적 인재人災로 나타나는 당연한 사회적 반응이라고 볼 수 있다. 특히, 사회적인 유행어에서 볼 수 있듯이 '불효자방지법'이나 '효도계약서'라는 신조어처럼 부자 관계를 '정신'보다 '물질錢'로 해결하려는 현상을 예로 들 수 있다. 또한 우리나라는 경제협력개발기구인 OECD 가입 국가 중에 자살률과 노인빈곤율, 그리고 이혼율 1위라는 불명예를 안고 있는데, 이런 현상들은 선진국이 300여 년에 걸쳐서 이루어 낸 산업화를 불과 40여 년 만에 이루어 낸 산업화의 가속화 과정에서 발생한 가치전도價値顚倒와 교육 불균형의 결과라고 할 수 있다.

우리는 지금 시간과 공간, 그리고 인간을 데이터화하여 현실세계인 Off-line과 가상의 세계인 On-line을 인간 중심으로 연결하는 새로운 4차 산업혁명 시대를 맞이하여 행복한 삶을 살아가고 있다. 행복의 중요한 요소로서 건강, 돈, 인간관계와 같은 생존조건이 작용한다. 그러나 한편으론 인공지능, 사물 인터넷, 로봇 등이 인류를 대신하게 됨으로써 많은 일자리가 없어질 것이라는 불안감이 존재하는 것도 사실이다. 그럼에도 불구하고 앞으로 전개될 4차 산업혁명은 생산 및 기술과 소비 및 욕구의 조화로운 공생을 통해 인간의 욕망을 충족시키는 방향으로 진행될 수밖에 없으며,

결국에는 사람이 모든 상황을 주도한다는 점에서 인간의 도덕성과 윤리성을 위한 인성교육의 필요성이 더욱 요구될 것이다.

하버드 대학의 저명한 교수이자 교육가인 윌리엄 제임스의 격언인 "인성이라는 씨앗을 심으면 운명을 수확하게 될 것이다."라는 표현을 인용할 수 있다. 이를 풀이해보면, 인성이란 인간이 사람이나 여러 가지 일을 대할 때, 한 개인의 행동 양식이나 태도를 드러내는 개인적인 특성을 말하는 것이다. 이는 그 사람의 자아실현을 결정하는 요소이기도 하면서 어떠한 인성을 지녔느냐에 따라서 그 사람의 행동이 좌우되고, 이는 다시 습관을 만들어 운명을 결정짓는다는 뜻일 것이다.

세계적으로 성공한 사람들의 모습을 살펴보면 커다란 공통점을 찾을 수 있다. 그중에서도 특히 인성이 가장 큰 공통점이다. 세계적으로 유명한 대학교 중 하나인 하버드 대학에서는 '하버드 인성'이라는 고유명사를 사용할 정도로 훌륭한 인성을 많이 강조하고 있다. 하버드 대학에서 강조하는 훌륭한 인성은 용감함, 강인함과 독립적인 사고력, 겸손함 그리고 성실함과 배움에 대한 노력과 열정 등이 포함된 개념이다. 이렇듯 훌륭한 인성을 지닌 사람은 건강한 정신을 갖추고 바른 행동을 하면서 일상적인 생활에서는 물론 학업과 일 등에서도 더 많은 성공적인 결과를 훨씬 수월하게 만들 수 있고, 나아가 더 성공한 자아를 형성할 수 있다.

시각, 청각 장애인인 헬렌 켈러와 같이 시각장애인의 복지와 교육 사업에 힘쓰고, 훌륭한 인성을 갖추게 되면 험난한 시련과 장애도 성공에 걸림돌이 될 수 없다. 그녀의 사례에서 알 수 있듯이, 인성은 인생이나 운명을 바꾸는 원동력으로서 더 자신을 발전시켜 주고 나아가 스스로의 평생을 빛나게 할 힘을 지녔다고 할 수 있다.

하버드 대학의 교수이자 심리학자인 제롬 케이건의 아동 연구 결과를 살펴보면, 사람이 가진 기본적인 특질인 성격은 선천적이지만, 후천적인 훈련과 노력으로도 물론 만들어질 수 있다는 결과가 밝혀졌다. 사람이라면 누구나 성격의 단점을 가지고 있으며, 본성 또한 쉽게 변하지 않지만, 본인의 노력으로 얼마든지 극복할 수 있음을 의미한다.

저자 유병태(울릉도 성인봉 정상)

또 다른 사례인 미국의 빌 게이츠를 살펴보면, 풍족한 가정환경에서 명석한 두뇌를 바탕으로 양질의 교육을 받은 그는 자기중심적이며, 고집스럽고 자만심이 많은 성격적 단점을 가지고 있었다. 그러나 그는 자신의 단점을 깨닫고, 끊임없는 노력을 통해 자신의 인성을 조금씩 다듬었고, 결국 많은 인재와 함께 '마이크로소프트'라는 회사를 운영하며 세계적인 부호의 자리에 오를 수 있었다.

인성은 집단과 국가의 흥망성쇠 좌우하는 최대 자산

인성은 한 개인의 인생은 물론, 어떤 집단이나 국가의 운명을 결정하는 결과물結果物이다. 다시 말해, 집합적인 인성 문화의 결과물이 쌓여서 운명을 만들고 그 운명들이 모여 개인이나 집단 혹은 국가의 흥망성쇠를 결정하는 것이다. 따라서 하나의 인성이 무너지면 개인뿐만 아니라 집단도 국가도 붕괴할 수밖에 없을 것이다. 올바른 인성은 끊임없는 자기 단련과 학습으로 창의적인 문제해결 능력과 훌륭한 인격 혹은 봉사의 마음가짐을 갖춘다는 것을 의미한다. 이와 반대로 부정적인 인성을 가진 사람은 위선이나 기회주의, 물질만능주의적 사고를 하면서 돈과 권력만을 추구할 수 있다. 이처럼 올바른 인성과 부정적 인성은 수단과 목적에서 모두 뚜렷한 차이를 나타낸다. 사회를 구성하고 있는 사회 구성원들이 함께 가지고 있는 사고방식, 윤리관과 가치관을 비롯하여 의식의 구조와 행동규범, 생활 원리 등을 모두 통틀어 '인성 문화'라고 한다. 즉, 인성 문화는 개인과 집단이 누리는 공동의 생활과 문화의 총체로서, 직간접적인 영향을 미치며, 따라서 개인이나 집단에 흥망성쇠興亡盛衰의 결과를 가지고 올 수 있다.

예컨대 에디슨이나 미켈란젤로가 천재가 아니라 그들을 천재로 만든 인성인간관계의 팀이 뒤에서 도와주었다는 사실을 알아야 한다. 에디슨은 누구도 생각 못 하는 기발한 생각을 해낸 천재가 아니라, 다르게 말하면 팀을 조직하고 운영하는 방법이 지혜로운 인성의 결과물이라고 볼 수 있다. 에디슨이 세운 먼로파크의 연구원 14명은 사실 에디슨이라는 집합명사였고, 에디슨은 고객과 접촉하거나 언론을 상대하는 등 인간관계에 더 많은 시간을 보냈다.

로마의 시스티나 성당 가운데 천장을 뒤덮고 있는 〈천지창조〉는 미켈란젤로가 인류사에 남긴 걸작이다. 미국 오럴로버츠대 경영학과 교수인 데이비드 버커스는 "미켈란젤로가 고독한 천재라는 말은 환상에 불과하다."라고 말했다. 그가 천재성을 유감없이 발휘할 수 있었던 이유는 3가지 조건이 성립되었기 때문이다.

첫째, 그를 밀어준 동료 13명이 지혜로운 인성과 대인관계에서 팀워크를 발휘한 결과이다.

둘째, 그의 재능을 믿고 기회를 준 메디치가家의 후원이 있었기 때문이다.

셋째, 그는 평생을 2~3시간만 자며 약간의 포도주와 빵을 먹으면서 혼신의 힘을 다해 위대한 화가, 조각가, 건축가, 시인으로서의 위업을 남겼다.

2차 세계대전을 일으킨 나치 지도자 아돌프 히틀러A. Hitler를 생각할 때는 치를 떠는 마음이 생긴다. 히틀러는 전 유럽을 참혹한 전쟁의 소용돌이로 몰고 간 역사의 대★죄인이다. 유소년기 및 청년기를 오스트리아 빈Wien에서 보낸 그는 자국 독일인보다도 더욱 더 게르만 민족주의에 심취하고 열광한 인물이었다.1 히틀러의 저서『나의 투쟁Main Kampf』을 통해 그가 최악의 인성을 선택하게 된 배경을 알 수 있다. 그는 자신의 의식 속에 게르만 민족주의와 인종주의가 싹트기 시작한 시점인 유년기 및 청소년기 시절 오스트리아 빈에 살면서 여러 가지를 목격하였다고 회고한다. '왜 가난을 대물림하고, 천하고 힘든 일들은 독일 이민자들이 주로 도맡아 하는가? 반면에 왜 유대인들은 오스트리아 사회에서 보이지 않는 기득권층을 유지하면서 독일인들의 삶을 핍박하는가?' 그는 유대인들이 사회적 지위를 유지하기 위해 오스트리아의 언론뿐만 아니라 주요 요직을 장악하고 있다고 보았으며 그 힘의 원천은 매춘, 고리대금 등 돈이 되면 무엇이든 하는 유대인의 간교한 정신이라

---

1 오스트리아 인구의 98%는 게르만족으로 이루어져 있어서 나라는 다르지만, 민족은 동일하다고 보면 된다. 스위스의 경우도 게르만족이 약 70%가량 차지하고 있다. 이렇게 보면 독일, 오스트리아, 스위스의 민족은 대다수가 독일 게르만족이라고 해석할 수 있다.

고 생각했다. 히틀러의 극단적이고 그릇된 역사의식과 선택은 광적狂的인 인성으로 표출되어 당시 독일인뿐만 아니라 전 세계 유럽인을 암담한 전쟁의 포화 속으로 몰고 갔으며, 그로 인한 경제적 손실과 사상자는 전대미문의 천문학적인 수치에 이른다. 이러한 히틀러의 사악한 참상을 묵인한 채, 북한의 김정은은 측근들에게 히틀러가 지은 『나의 투쟁』을 나누어주는 등 권력 기반 강화를 위해 히틀러의 그릇된 인성 행태를 꾀하고 있다. 만약 독일의 히틀러가 올바른 인성을 발휘하여 제1차 세계대전 이후 패망한 독일을 재건했다면, 오늘날의 역사는 사뭇 다른 모습으로 전개되었을 것이다.

다른 예로, "일본의 자살"이라는 논문 한 편이 모든 지식인 사이에 이목을 집중시켰다. 이 논문의 요지는 자멸은 내분으로 일어난다는 내용이다. 동서고금의 역사를 보면 대부분 사라진 모든 나라가 외적이 아닌 인성 붕괴 등 내부요인으로 스스로 무너졌다는 결론이 내려졌다.

우리나라의 역사를 보면 고구려는 연개소문의 아들 남생, 남건두 형제의 권력욕과 형제의 난으로 인해, 즉 인성으로 패망하는 나라가 되어, 지금도 우리 국민에게 아쉬움과 더불어 만주벌판의 동경을 안겨주었다. 백제의 의자왕은 초기에는 해동 성자로 불릴 만큼 훌륭한 왕이었으나, 점차 손자삼요損者三樂의 인성에 빠져 문화강국의 나라를 망하게 만들고 당나라에 끌려가 비참한 생을 마감하였다. 신라는 천여 년의 찬란한 역사를 진성여왕 등 지도층의 타락한 황음荒淫의 인성으로 인해 각지에서 민란民亂이 벌어져 전쟁 한번 못 하고 국가를 고려에 헌납하는 비운을 가져왔다. 후삼국 시대 왕건, 견훤, 궁예의 치열한 전쟁에 결국 견훤과 궁예의 잔인한 인성은 무너지고 왕건의 '포용' 인성이 승리하여 통일을 이룩하였다.

고려, 조선, 대한제국도 지도층의 부정부패와 당쟁黨爭 등 분열의 인성 때문에 스스로 망국의 길로 가는 결과를 낳았다. 특히 고종은 40여 년간 집권하면서 갑오개혁 후 조선을 대한제국으로 바꾸고 황제로 등극하였다. 당시는 일본과 러시아가 전쟁 준비를 하는 시기인데도 불구하고 나라의 안위는 생각하지 않고 일본으로부터 250억 원의 비자금을 받고 대한제국의 거제도 주변 무인도인 취도를 포격 연습장으로 내어주고 대한제국을 일본의 군사용 지역으로 한다는 한일 의정서를 작성하여 국가의 위기를 자초하였다. 당시 대한제국의 1년 예산이 759만 원이었으니 고종의 인성은 밑바닥이었고 오직 자신만의 안위만 생각하는 국가지도자였다.

또한 고종 황제와 일본의 메이지 일왕 역시 동시대 국가 최고지도자로서 인성의 차이에서 시사하는 바가 크다. 고종 황제와 메이지 일왕은 동갑내기(1852년생) 황제였지만, 역사는 실로 대조적으로 두 사람을 평가한다. 고종은 12세에, 메이지는 16세의 나이에 비슷한 국력을 가진 근세 지도자로 즉위했으나 고종은 흥선대원군의 섭정과 명성황후의 권력 투쟁 사이에서 갈팡질팡했던 우유

부단한 인성으로 평가되는 반면, 메이지 일왕은 청일, 러일전쟁을 승리로 이끌었다. 그는 정보와 결단이라는 카리스마의 인성으로 평가된다. 결국, 고종은 백성을 일본의 노예로 만들었을 뿐만 아니라 나라까지 잃고 황제 자리에서 쫓겨난 운명이 되었고, 메이지 일왕은 일본 역사상 제국을 만든 최고 영웅이 되었다.

　미국의 심리학자 루이스 터만(1877~1956)은 1921년 캘리포니아주에 있는 초, 중, 고등학생 25만 명 중에서 천재 학생 1,251명(IQ135 이상)을 선발하여 35년간 추적하는 실험 끝에 뜻밖의 결과를 밝혀냈다. 천재 학생 대부분은 최고의 엘리트 삶이 아닌 매우 평범한 인생을 살았다. 국가적인 명성을 얻은 사람은 거의 없었고 판사와

북한산 만경대

주의회 의원 몇 명만이 나왔을 뿐이었다. 터만 연구팀이 최종적으로 내린 결론은 성공의 조건은 IQ가 아니라 인성이라는 것이었다. 이처럼 인성은 개인은 물론이고 집단과 국가, 지구촌의 모든 흥망성쇠를 좌우하기 때문에 올바른 인성은 최대의 자본, 자산이라 할 수 있다. 올바른 인성은 인생의 운명을 결정하고 인생의 운명은 올바른 인성이라는 자본과 자산에 따라 좌우된다는 결론을 도출할 수 있다.

바른 인성, 정의로운 인성, 공동선의 인성 등 초긍정적인 인성을 배우고 함양하면서 나의 운명은 물론 조국의 운명, 지구촌의 운명을 위해 헌신하고자 한다. 그러므로 인성의 중요성은 재론再論의 이유가 없다 할 것이며, 그기에 올바른 인성은 운명이자 최대의 자본으로 볼 수 있는 것이다. 지난 시절의 아리아리한 기억들과 그동안 분망하게 살아 온 나의 일상을 되돌아보며 우리들의 삶에 조금이라도 도움이 되길 생각해본다.

CHAPTER 7

인생의 아름다움을
위하여

누군가에게는 도움을 줄 수 있는 사람이 되는 것,

그리고 도움을 받을 수 있는 용기를 갖는 사람이 되는 것.

서로의 성장을 돕고, 함께 앞으로 나아가는 것.

아직도 미숙함이 있지만 나는 이 길을 향해

오늘도 걸음걸음 도전하며 나아가고 있다.

유 연 서

Mobile 010-8521-7389
Email ausl13@naver.com

학력 및 경력사항

- 고려대명강사최고위과정 20기 소통회장
- 교육학 박사
- 장안요양보호사 교육원 원장
- 전) 서정대 겸임교수
- 경인대 외래교수
- 행복숲재가복지센터 센터장
- Y클래식 공연기획총괄이사
- 동대문 상공회 20기 사무총장

강의 분야

- 교육학
- 사회복지학
- 노인복지학

자격 사항

- 사회복지사 1급
- 이미지메이킹 1급
- 명강의명강사 1급
- 기업교육강사 1급

저서

- 고려대 명강사 25시(공저): 인생의 아름다움을 위하여

살아보면 알게 되는 것

언제나 가고자 하는 길이 아니라,

가야만 하는 길로 이끄는 것이 삶이라네.

눈물이 나도록 살아보지 않으면,

살아온 흔적도 그리 남지 않더군.

– 파블로 네루다

생의 경험을 통해 얻는 삶의 진리를 파블로 네루다가 한마디로 "살아보니 알겠더라."라고 표현하였다. 삶을 허투루 살지 않고 열심히 살아온 대부분의 사람들은 인생이 살 만한 것이라고 얘기하곤 한다. 이 말에 대해 나는 성실함이 가져다주는 보상의 선물이라고 생각한다. 척박하고 거친 들길을 지나면서 마주하는 인생에는 제각각의 이야기들이 있다. 그중에서도 중년은 가장 중요한 시기가 아닐 수 없다.

중년기의 삶이란, 사회에 첫발을 디디는 초년을 거쳐 어느 정도 삶의 굴곡을 경험하고 자신의 위치를 확립해 가는 시기이기 때문이다. 더 이상 외부의 압력이나 타인의 기대에서 비롯되지 않고, 자신이 설정한 목표와 의미를 위해 나아가는 과정이다. 이는 새로운 기술을 배우거나, 학업을 통해 지적 능력을 확장하는 것에서부터, 지금까지 이루지 못했던 소망을 이루는 데까지 다양하다.

나 또한 수많은 시간에의 여정과 그 가운데 펼쳐진 터널들을 거쳐 오늘을 살아가고 있다. 어느새 삶에서 오는 무게를 다루는 능력이 생겨났고, 그런 능력은 삶의 순간을 단순히 견디는 것이 아닌 누리며 사는 지혜를 안겨 준다. 그러기에 이제는 삶의 무게와 가벼움을 조화시키며 나 자신만의 리듬을 찾아가고, 나아가서는 한 사람의 원숙한 성인으로 성장해 가는 것이 내 인생의 새로운 꿈이 된다.

이제는 청년기보다 삶의 의미를 더 확실히 느끼며 삶의 각 순간이 더 큰 아름다움이자 도전들로 받아들여진다. 내면적 성장을 위한 꿈과 의미와 가치를 발견해 가는 내 안의 여행이 점선을 따라 하루하루 이어져 간다. 인생의 아름다움은 단지 눈에 보이는 성취나 사회적 성공에만 있는 것은 아니다. 속도보다 깊이를 중시하게 되며, 더 나아가 삶의 가치와 의미들에 집중하고 더 깊이 추구해

가는 데 있다. 완벽해지기보다는 자신을 이해하고 점점 나아지려는 여정 속에 순간순간마다 감사하며 살아간다면 인생이 더 아름답지 않을까?

　누군가에게는 도움을 줄 수 있는 사람이 되는 것,
　그리고 도움을 받을 수 있는 용기를 갖는 사람이 되는 것.
　서로의 성장을 돕고, 함께 앞으로 나아가는 것.

　아직도 미숙함이 있지만 나는 이 길을 향해 오늘도 걸음걸음 도전하며 나아가고 있다.

새로운 도전

인생의 아름다움과 도전의 가치가 한층 더 깊이 다가오는 이유는 경험의 깊이와 살아오면서 터득한 생의 균형감 덕분이다. 그래서 앞으로의 시간은 단순히 지나온 시간을 반추하는 시기일 뿐 아니라, 인생의 의미와 가치를 새롭게 재조명하는 '자각의 오늘'이라본다. 그중에서 가장 큰 도전은 나 자신을 한계에 가두지 않고 계속해서 성장해 가려는 의지이다. 사회에서 이미 어느 정도의 위치를 갖춘 사람들에게도 성취를 위한 도전은 한때는 모험이었을 것이다. 마찬가지로 나에게도 오랜 꿈이었던 취미를 본격적으로 시작하는 것도 있을 것이다. 그림을 배우거나, 악기를 다루는 것도 될 수 있고, 여행을 통해 세상의 다양성을 경험하는 것일 수도 있다. 앞으로 시간이 충분히 주어진다면 문화예술 분야도 넓혀가고

싶다.

　그렇기에 한편에서는 클래식 협회를 통해 실천적 체험도 경험하고 있다. 반면 가장 큰 도전이 있다면 5년 전부터 새롭게 시작한 사회복지 업무이다. 사회복지를 시작한 후 시설장은 물론 기관장 업무까지 맡아가고 있다. 처음에는 사회복지사 자격증을 친구의 권유로 아무 생각 없이 따게 되면서 접하게 되었다. 꾸준히 정착하여 재가복지센터를 거치고, 요양원과 교육원의 일까지 모두 다 해보았다.

　보통 사람들 누구나 그렇듯이 대부분은 하던 일을 계속해 한 직장에서 10년 혹은 20~30년씩을 다닌다. 요즈음 같은 고용절벽의 시기에 이직이란 큰 결심과 결단을 요구한다. 이직은 나에게도 남다른 각오가 필요하였다. 삶의 가치와 미래를 위해 나는 주저 없이 사회복지일을 시작하였다. 사회복지 업무를 하며 관련 학부와 석, 박사 과정을 거치며 대학교수의 직업도 추가되었다. 현장경험과 이론이 융합되고 있기에 타인들 앞에 서는 일들이 즐거워질 수 있기를 희망해 본다.

삶의 물줄기가 휘어져 마주한 돌봄 과정에는 다양한 에피소드들이 있다.

모 센터에서 매일 점심시간마다 제공하는 무료 급식을 드시러 오시는 어르신 한 분이 계신다. 어느 날, 항상 말없이 식사를 끝내고 조용히 돌아가시던 그분에게 식사가 어떠셨는지 간단히 물어본 적이 있다.

"식사는 어떠셨어요?"

그 순간 어르신은 눈시울을 붉히며 이렇게 말씀하셨다.

"사실 이게 제가 하루에 먹는 유일한 끼니예요. 집에 가면 냉장고도 비어 있고, 혼자라 더 먹을 이유도 없어요. 여기 와서 따뜻한 밥을 먹을 수 있어서 참 감사해요."

그날 이후 나는 요양보호사 직원과 노인분의 집을 방문해 지원이 필요한 상황들을 파악하고, 지역 단체와 연계해 정기적인 식료품 배달이 될 수 있도록 도움을 드렸다. 그뿐 아니라 심리 상담도 제공하였다. 몇 달 후, 그분은 우리 센터 직원들에게 이런 말씀을 하셨다. "여기 오면서 앞으로는 그냥 살아가는 게 아니라, 다시 살아야겠다는 마음이 들었어요."

내가 가진 것이 너무 작아
누군가에게 내밀기조차 부끄럽던 날들.
하지만 작은 불빛 하나로도
어두운 방을 밝힐 수 있다는 걸
나는 알게 되었다.
작고 초라해 보여도
내가 가진 온기를 나눈다면
세상은 조금 더 따뜻해지리라.
너의 손이 필요하다.
나의 작은 불빛이 너의 길을 밝히길.

  - 정호승

우리가 얼마나 많은 것을 할 수 있느냐를 고민하기보다는 우리 주위의 사람들에게 작은 불빛이 되기를 기대해 본다.

요양원 원장으로 일하며 많은 어르신을 만났던 경험에서도 느끼는 것이 많다. 요양원에는 참 다양한 분들이 온다. 왕년에 잘나가던 사업가가 사업이 망해 오는 경우도 있다. 그런가 하면 기초생활 수급자가 된 분도 입소하게 되는데 결국은 다 똑같은 삶을 지내게 된다. 노화에서 오는 인생의 무게는 1,000억 부자도 기초생활

수급자도 피해갈 수가 없다.

요양원 입소 시에 필요한 물품이라면 상, 하의 3벌, 양말 3켤레 정도, 면 내의 조끼나 카디건, 애착 물품(액자. 사진) 등이다. 세월 속에 누구에게나 주어지는 이 피할 수 없이 직면하는 경험들은 마치 가혹한 심판대나 다름이 없다. 그때 나도 많은 생각을 하게 되었다. 내가 가진 것들이 얼마나 부질없는 것인지 새삼 느끼게 되었다.

요양원은 어르신 몸이 불편해 더 이상 집에서 가족이 모실 수 없게 되었을 때 오게 된다. 입소하는 어르신들 대부분은 요양원에 오면 인생이 끝이라고 생각하셨다고 한다. 그러나 막상 요양원에 입소하게 되면 어느 정도의 적응 기간이 지나고선 오히려 좋은데 왜

안 왔는지 모르겠다는 분들도 많다. 집에서는 몸이 불편하니 사람 취급도 받지 못했는데 요양원에서는 다시 사람처럼 살게 되었다며 좋아하시는 어르신들도 계신다.

반면, 재가 복지센터는 몸이 불편한 어르신에게 요양보호사를 하루 세 시간씩 보내드리는 일을 한다. 센터장은 어르신과 보호자와의 상담, 그리고 요양보호사의 요청을 해결해 주는 일을 주요 업무로 본다. 그러기에 하루에 수십 통의 전화를 받으며 고충을 해소해야 하는 일이 빈번하다.

요양원이나 재가센터에서 일하면서 한 가지 일관되게 지켜온 것은 늘 친절한 마음을 잃지 않고 어르신들을 한결같이 대하기 위해 노력해 왔다는 것이다. 어르신들에게 때로는 손녀처럼 때로는 딸처럼 대해드렸고, 다정한 사람이 되기 위해 노력하였다. 진심을

다하면서 어르신의 말벗이 되고, 요양보호사님의 친구도 되었다.
자연스레 내담자들의 욕구를 해결해 주면서 나의 모난 상처와 마
음까지도 그들에게 위로받곤 하였다.

그대의 발걸음
세상 어딘가에서
그대의 발걸음은
아직 보이지 않는 희망을 찾아가고 있다.
넘어진 이의 손을 잡아 일으키고
혼자 울고 있는 이의 곁에
조용히 앉아주는 그대.
그대가 밟고 지나간 길은
희망의 씨앗을 심는다.
오늘의 그대 발자국이
내일의 세상을 꽃피울 것이다.
– 이해인

분명 노화는 불편하고 마주하고 싶지 않은 일이다. 몸이 불편해
지면 노화가 시작되었다고 생각한다. 어르신들에게 물어본 결과
내가 늙었다고 생각할 때가 노화라고 한다. 90세가 되어도 본인이
건강하다면 노화가 아니라는 생각이다. 요양원에 오시는 어르신

중 불편하신 어르신들은 대체로 젊은 나이부터 본인이 늙었다고 생각하는 특징이 있다. 어르신들께 물어보면 대개 건강에 안 좋은 것을 알면서도 안 좋은 행동들을 많이 하셨다고 얘기한다. 살아온 날들 가운데 제일 행복했던 때가 언제인지 물어보면, 제일 바쁘고 힘들었을 때를 제일 행복한 때였다고 하신다.

　어르신들을 만나면서 생각의 전환이 많이 이루어졌고, 이전보다 무언가를 시작할 때 두려움이 줄어들었다. 이제는 "무조건 부딪혀 보자."는 마음가짐으로 도전하는 일이 많아졌다. 박사 학위를 받는 과정 역시 쉽지 않았지만, 많은 어르신과 함께 나누며 웃고 울었던 순간들이 큰 힘이 되었고, 그 속에서 얻은 지혜와 용기가 내 도전을 이끌었다. 그래서 박사 학위는 나에게 단순한 성취를 넘어, 그런 시간이 안겨준 소중한 선물이라 생각한다.

현재의 소중함을 받아들이며
기쁨과 감사를 느끼는 삶

서두에서 얘기했듯이 우리의 삶은 시기별로 유아기, 청소년기, 청년기, 장년기, 노년기 등을 모두 거쳐 간다. 나이가 들어간다는 것은 단지 신체적 변화만이 아니라, 정신적 변화를 동반하기 때문에 가족 내에서의 요양이 한계에 직면할 수 있다.

언젠가 업무를 보다가 문득 성경의 한 구절을 읽어본 적이 있다. 시편 90편에 이렇게 쓰여 있었다. "우리의 연수가 칠십이요, 강건하면 팔십이라도, 그 연수의 자랑은 수고와 슬픔뿐이요, 빠르게 지나가니, 마치 날아가는 것만 같다." 우리는 모두 하나같이 유아기에서 노년기를 맞이하게 될 것이다. 그리고 각 시기의 전환기는 성장과 성숙, 기쁨과 고통이 동반되며 교차하는 시간들이 부여된다. 어르신들을 모셔 오면서 가장 크게 느끼는 것은, 모든 삶의 시기마다 전례 없이 새롭고 유일한 시간이지만 당시의 소중함을 자각하지 못한다는 것이다. 지나간 어떤 것도 되돌릴 수 없다는 사실이 무겁게 다가오고, 상실의 고통이 따르는 시기가 노년기가 아닐 수 없다. 영원히 사라져가는 오늘을 기억하며 매 순간, 각각의 시기마다 누군가가 눈물 흘리지 않도록 배려심과 사랑을 나누어 오신 분들이 있다. 그분들은 삶에 대한 자책보다는 기쁨과 감사가 넘치는 모습들을 자주 보여준다.

따라서 아름다운 인생을 설계하고 싶다면 지금의 시절, 한때라도 젊은 이 시절을 다시 상기해야만 한다.

우리가 잘 알고 있는 조선 후기 학자 성호(星湖) 이익(李瀷, 1681~1763)은 『성호사설』에서 노년기 노인이 마주하는 좌절을 10가지로 축약해 글을 남겼다. "대낮에는 꾸벅꾸벅 졸음이 오고, 밤에는 잠이 오지 않으며, 곡할 때에는 눈물이 없고, 웃을 때에는 눈물이 흐르며, 30년 전 일은 모두 기억되어도 눈앞의 일은 문득 잊어버린다."라고 하였다. 또한 "고기를 먹으면 배 속에 들어가는 것은 없고 모두가 이 사이에 끼이며, 흰 얼굴은 도리어 검어지고, 검은 머리는 도리어 하얘지는 것"이 노인이라 하였다. 참으로 마음 한편이 서글프지 않을 수 없다.

현대에 이르러서는 가족애가 희석되고 윤리가 축소되면서 계층 간의 갈등은 어르신들을 바라보는 시각을 더욱 차갑게만 한다. 그로 말미암아 우리가 둘러싼 세상은 어르신들을 더욱 적대적 대상으로 인식해 간다. 어르신들은 층계를 더 오르기 힘들고, 도로를 건너는 것도 더 위험하며, 짐도 들기 힘들지만 여유로울 수 없다.

라틴 문학에서 최고의 문인이자 웅변가, 정치가였던 키케로(기원전 106~43)도 기원전 44년, 안토니우스가 보낸 자객에 의해 살해당하기 직전 해에 다음과 같은 말을 남겼다.

"모든 경험의 형태와 활동 방식이 원천적인 독자성과 강도를 잃어가고, 열정이 사라지며, 감각의 수용 능력도 줄어든다. 그뿐 아니라 신체 기관들은 삐걱대기 시작하고, 지각의 섬세함과 정확성도 떨어진다. 삶의 흐름은 경직되고, 새로운 상황에 적응하기도 힘들다. 대신, 쉬고 싶어질 뿐 아니라 삶의 반경이 줄어들고, 매사에 무관심해진다. 정신적 능력은 저하되고, 영혼의 감수성, 깊이, 분

별력도 떨어져 간다. 그 대신 가장 끈질기게 살아남는 것은 원초적인 물질적 욕구, 먹고 마시고 안락함을 누리고자 하는 욕망"이라며 안타까움을 표현했다.

그리고 보면 동양이나 서양이나 어르신들에 대한 인식은 별반 차이가 없는 듯하다. 대부분 우리네의 경험과 크게 다르지 않다.

노년의 삶을 더 참되고 가치 있게 만들기 위해서는, 늙음을 인식하고 받아들여야 한다는 것이다. 내가 요양원에서 보아왔던 어르신들의 삶 두 부류는 분명 반대되는 삶을 살아왔음에 틀림없다. 한 부류는 원망과 불평이 가득하고, 한 부류는 감사와 기쁨의 얼굴들이었다. 삶을 아름다운 스토리로 마무리하고자 한다면 다시금 강조하지만, 지금의 순간순간들에 양심을 지켜가는 삶을 권장해 드리고 싶다.

'노년은 그저 말라가는 샘도, 힘이 넘치던 젊음이 허물어지는 과정'도 아니다. 쇼펜하우어가 말한 것처럼, 노년의 어르신들에게도 장점들이 있다. 그것은 노인은 생을 그 전체적 관점에서, 그리고 인위적인 해석이 아닌 순응과 같은 자연적 흐름에서 본다는 것이다. 즉 출발점으로부터가 아닌 종결점으로부터 삶을 고찰한다. 젊은 시절에는 자각하기 힘든, 노년이 가진 시각의 특혜일 수도 있다.

따라서 양의 많고 적음이 아닌 질적 다름의 삶을 살아야 할 이유가 분명하다. 나 또한 앞으로의 삶에서 목숨의 문제가 아닌 인격의 문제로 삶을 성찰해 가고 싶다. 미래를 불안해하지 않으며, 누군가에게 남김 없는 사랑을 전해가는 그런 모습을 그려가고 싶다. 향유하려는 욕심도 부리지 않고, 살날들에 허둥지둥하거나 서두르지 않고 오늘 하루에 감사하며 나의 나 됨을 항상 인식 속에 그리는 내일을 그려본다.

다시 오늘의 자리
앞에 서서

    사회복지 업무의 일상에서 오늘의 나를 되돌아본다. 그렇다면 "어른이 된다는 것은 진정한 의미에서 어떤 뜻일까?" 그것은 오늘을 사는 현실에서 스스로 선택하는 권한을 행사하며 선택과 더불어 사는 모든 것에 책임을 져야 한다는 뜻일 것이다. 어린 시절이라면 부모와 교사를 비롯해 다른 사람들이 많은 결정을 대신 내려주기도 한다. 하지만 성인이 되고 나면 자기 자신의 경계를 긋고, 스스로 원하는 방향으로 모든 것을 선택해 삶의 틀을 잡아 나간다. 따라서 어른이 된 이후에는 자기 선택에 따라 행동하며 살아가는 자기 자신의 선택에 대해 책임을 질 수 있다는 인식이 수반되어야 한다. 언제나 무엇인가 선택한다는 것은 다름 아닌 자신의 몫이며, 노년기에 이르러 결과치를 얻게 됨을 의미한다.

장 폴 사르트르는 인생을 가리켜 "B^{birth}와 D^{death} 사이의 C^{choice}"라고 했다. 즉, 모든 생명은 탄생과 동시에 죽음을 수반할 뿐만 아니라 삶의 매 순간들은 선택의 갈림길에서 있다는 의미이다. 무엇을 먹을지, 어떤 옷을 입을지, 오늘은 무엇을 해야 할지 등 항상 선택의 갈림길에 직면한다. 대학을 가야 할지, 취업은 어디로 해야 하는지, 결혼은 대체 해야 할지, 말아야 할지 등부터 아이는 낳아야 하는지 등 선택의 연속이다.

성년이 되어갈수록 이러한 선택의 상황은 확장되며 무수한 선택들이 중첩을 이룬다. 젊은 시절에는 대부분 눈앞의 명시적인 것에만 집착한 나머지 자신의 발전 가능성과 한계를 간과하기도 한다. 이로 말미암아 실패를 겪기도 하고 어려움에 마주하기도 한다. 즉, 자신에게 주어진 시간과 기회, 비용 그리고 능력 등이 정확히 측정되지 못하는 것이다. 반면, 노년기에는 더욱 원숙한 선택의 결정들을 내릴 수가 있다. 경험과 연륜에서 오는 장점이 아닐 수 없다.

5~6년 전, 기존에 다니던 직장에서 사회복지계로 발을 내딛고 학위기에 도전하면서 끊임없이 마주 보는 선택의 경로를 삶 속에서 대면한다. 그 속에서 변화해 가는 나 자신을 본다.

지난 9월쯤에는 고려대명강사최고위과정에도 발을 내딛고 또 하나의 도전에 나섰다. 사회복지 업무차 늘 지나던 길 인근에 학교가 있었지만, 시간과 기회가 부족했었는데 큰맘 먹고 재도전의 티

켓을 추가하였다. 과정과 커리큘럼이 탄탄하여 지금은 과정에 적응하기가 조금 힘들지만 거의 마무리 단계에 이르렀다. 함께해 준 동료들과 응원으로 산 지식을 겸비케 해주신 강사, 교수님들께 감사를 드린다. 본 과정을 수료하면 재가센터와 요양원, 교육원에서의 업무 능력이 앞으로 한층 성장할 것이라 여겨진다.

어제로부터 이어진 도전과 꿈들은 새로운 나를 찾아가는 여행과도 같다. 요양원이나 학교에서나 단지 하나의 목표를 이루기 위해 달려가는 것이 아니다. 그 여정 속에서 매 순간 삶을 더 단단히 하고, 내면의 성장을 이루며, 인생의 진정한 아름다움을 발견해 나가는 것이 나에게는 행복으로의 지름길이다.

결국, 40대는 인생을 보다 깊고 균형 있게 바라볼 수 있는 시기이다. 지금까지 쌓아온 경험을 통해 자신을 이해하고, 더 나아가 인생의 참 의미를 잊지 않고 늘 새롭게 도전하는 것이다. 성장할 수 있는 능력과 삶을 더 폭넓게 바라볼 수 있는 혜안을 동시에 지니고 있기에 나는 오늘도 행복을 꿈꾸며 하루를 맞이해간다.

CHAPTER 8

산에서 인생을 찾다

산 정상에 오를 때 느끼는 성취감과 뿌듯함은 이루 말할 수 없으며,
오르는 과정은 의지를 단련하는 시간이 됩니다.
정상에서 마주하는 탁 트인 풍경의 짜릿함과 보람은
오래도록 기억에 남을 것입니다.

이 두 안

Mobile 010-9066-6565

Email leedu45@naver.com

학력 및 경력사항

- 고려대명강사최고위과정 20기 원우회장
- 경찰청 전 총경
- 한세대학교 법무대학원 석·박사(경찰학 박사)
- NP그룹 비서실/상무
- 한국방송통신대학교 특임교수
- 大정보관 1호(2019, 경찰청·서울청 23년 근무)
- 정보경력 30년(국회·정당·정부 부처·노동·경제 등 담당)
- 청와대 민정수석실(사직동팀), 경찰청 특수수사과 (2년)
- 경찰인재개발원·경기남부·대전경찰청·
  국민·중앙대 등 출강
- 국민안전교육 전문인력(행안부), 공기업 전문면접관
- 강서경찰서 경찰발전협의회 위원('24. 11. 7.),
  국회의원실 입법보조원
- 즐거운교육 사회적협동조합 이사

강의 분야

- 국회의 이해와 작동원리,
  정보관이 갖춰야 할 덕목,
  정보관 외근활동 기법,
  사실 조사와 인사 검증,
  산업기술 유출 방지와 보안,
  리더십(관리자) 등

자격 사항

- 경비지도사
- 행정사(준(準) 행정사무소 대표)
- 민간탐정사(PIA)
- 명강의명강사 1급
- 리더십지도사 1급
- 기업교육강사 1급
- 스피치지도사 1급
- 평생교육강사 1급
- 노인교육강사 1급
- 인성지도사 1급
- 부모교육상담사 1급

수상 내역

- 녹조근정훈장, 근정포장, 대통령 표창,
  기재부· 교육부 부총리 표창 등 50회
- 서울신문과 시민단체 반부패방지 공동,
  제1회 청백리상 수상

저서

- 박사 논문(정보 경찰의 합리적인 정보활동을 위한
  제도적 정비방안에 관한 연구)
- 고려대 명강사 25시(공저): 산에서 인생을 찾다

프롤로그

산은 단순한 자연의 경치를 넘어 나에게는 인생 그 자체이다. 산행을 통해 상처받은 마음을 치유하고, 복잡한 생각도 정리해 왔다. 무엇보다도 산은 더 나은 삶을 구상할 수 있는 나만의 시간을 선물해 주었다.

2024년 2월 29일 정년 2년을 앞두고, '총경'으로 35년 6개월의 경찰 생활을 마무리했다. 퇴임하자마자 반도체, 방산 등과 관련된 NP그룹 모회사인 ㈜뉴파워 프라즈마 임원으로 2막 인생을 살고 있다. 또한 5월 1일 처음으로 도입한 한국방송통신대학교 '특임교수' 1명 공개 모집에서 합격해 활동하고 있다. 이는 산을 통한 생각 정리와 지혜의 덕분이라 생각한다.

경찰 재직 중 30년간 국회, 정당, 노동, 농민, 재야, 경제단체, 기재부 등 8개 정부 부처와 다양한 분야 8대 정권에서 순수한 '정보관'으로 활동했다. 그래서 주요 집회, 시위 현장은 물론 정국 상황을 다양하게 경험했다고 해도 과언이 아닐 것이다. 2005년 11월 23일 여의도 농민 집회 시 시위 중 농민 2명이 사망, 경찰청장 등이 물러나는 상황도 관리했다. 그 당시 시위대에 붙잡혀 '린치'를 당하고, 병원에 실려 갔던 기억 등 집회, 시위 현장에서 위기의 순간도 있었다.

경위에서 경감으로 특별 승진하는 데 6번 도전에 7번째에야 승진한, 3년이란 아픈 세월도 있었다. 이 시기에 모든 것은 '나의 부족함에서 비롯되었다.'라고 남의 탓이 아닌 자기반성의 시간을 가졌다. 아마도 그 시간이 상처받은 울분을 토하고, 마음을 다지는 치유의 시간이 아니었나 싶다. 결국 산행을 통해 마음을 다지고, 나아갈 수 있었다. 앞으로도 건강이 허락하는 한 산행은 계속될 것이다.

아울러, 존경하고 사랑하는 분에게 '님'을 붙여야 하는데, 책 형식상 그렇지 못한 점 양해해주었으면 하는 바람입니다.

정보 경찰의
길을 걷다

84년 11월 해양경찰 의무경찰로 입대해 87년 10월 제대, 35개월 간 복무했다. 군대 생활 중 함정 승선 경험을 바탕으로 '소형 선박 조종사' 자격증을 취득, 88년 8월 해경 순경으로 특별채용되어 1년 6개월 포항해양경찰서에서 근무했다. "이왕 경찰 생활을 할 것이라면 큰 곳에서 해야겠다."라며 다시 시험을 응시해서 합격해 89년 12월 12일에 서울 경찰 순경으로 임용되었다. 첫 발령지는 대학로를 관할하는 동대문경찰서 '동숭파출소'였는데, 지금은 혜화경찰서로 이름도 변경되었고, 동숭파출소도 '대학로 파출소'로 통합되었다. 대학로는 주말에는 '차 없는 거리'로 지정된 '젊음의 거리'였다. 주말에는 폭행 사건 등이 다수 발생해 바쁜 파출소였다.

그때 인사고과 평가 시 견문보고서 작성 점수(3점) 제도가 있었다. 지금은 없으나, 경찰관이라면 무조건 1개월에 2건의 견문보고서(첩보보고서)를 제출해야만 했다. 신임 순경이었지만, 매달 2건의 견문보고서를 작성해 제출했는데, 다른 직원보다 보고서 형식이나 내용이 좋았는지 점수가 잘 나왔다. 이런 보고서 덕분에 1년 6개월 만에 파출소에서 본서인 정보2계로 발령받아 정보 경찰의 길을 걷게 되었다.

담당은 서무 반장이다. 정보과에는 경륜이 풍부한 선배들이 근무하고 있었다. 그 당시 정보과 힘은 상당해 누구나 쉽게 정보관을 할 수 없었던 시절이었다. 나의 정보관 입문은 희망해서 발령받은 것도 아니다. 누구 말대로 뒷배경이 있는 것도 아닌 한마디로 힘든 자리에 끌려온 것이다. 이렇게 시작한 정보관 생활이 35년 재직 중 30년간 근무한 출발점이 된 것이다.

동대문경찰서에서 심사로 경장에 승진했다. 서무 반장 자리에서 벗어나고 싶어 시험공부를 했다. 힘든 서무 반장을 맡으면서 틈틈이 공부, 좋은 성적으로 경사에 합격한 것이다. 당시 경사에 승진하면 무조건 타 경찰서로 발령받던 시절이었다. 처음에는 선배의 조언에 강남경찰서를 희망했으나, 어머님을 모시고 살아 병원 등이 가까운 성북경찰서로 희망, 99년 3월에 정보과 외근으로 발령받았다. 그간 서무업무를 하면서 현재 3선 의원인 이철규 의원을, 서울청장을 지낸 이성규 현 한전KPS 상임감사 등을 상사(과장)로 모셨다.

젊은 나이에 처음으로 외근 활동을 하니 기분도 좋았고, 의욕도 넘쳤다. 열심히 일하다 보니 성북구청 등을 담당하게 되었다. 정보과장은 간부 후보생 출신인 김영식 과장이었는데, 구청 담당을 맡긴 것이다. 구청 담당 정보관은 경륜도 많고, 연배가 있는 선배 중 선배가 담당했던 것이 정보과 관례였다. 그런데 경험이 부족한 나에게 담당토록 했다. 구청을 맡았는데, 당시 비서실장이 김영배, 비서관이 김원이, 비서 김문수로 모두가 22대 국회 재선과 초선의원이다. 그때 10개월의 짧은 구청 담당 인연으로 지금도 관계를 유지하고 있다.

2000년 2월에는 경찰청 조사과, 청와대 사정 업무를 담당하는 일명 '사직동팀'에 발령받았다. 근무하면서 이른바 '진승현 게이트 사건' 내사 등 사정 업무를 처리했다. '사직동팀'이 김대중 대통령 시절 역사 속에 사라지면서 서울경찰청 정보1과 외근(1분실)에 발령받았다. 분실에선 은행 등 경제 분야를 담당하다가 2002년 2월 경찰청 특수수사과로 발령받아 1년 6개월 근무했다. 특수수사과는 주로 청와대 하명 사건과 고위층 범죄 등을 수사, 명실상부한 경찰의 최고 수사 부서였다. 지금은 명칭도 변경되고 명성도 약해진 것 같다.

2004년 8월에 다시 서울청 정보1과 1분실로 발령받아 2013년 11월 '경감'으로 특진할 때까지 13년간 근무했다. 근무할 때 사무실은 남산 숭의대학교 옆에 소재했다. 지금은 사라졌는데 당시 정보관 명함을 '고려 상사'라고 새기고, 직책도 일반 회사처럼 사장, 부사장, 전무, 상무로 불렀다. 지금도 일부 역사를 아는 지인들이 옛 직책을 부르곤 한다. 문재인 정부 출범과 동시에 정보 개혁 차원에서 사라지고, 지금은 모두가 '정보관'으로 호칭하고 있다.

2014년 2월 경찰청 정보국 외근 정보관으로 발령받아 '경정'까지 승진했고, 10년간 국회와 정당, 기재부 등 9개 정부 부처를 출입했다. 국회 업무는 서울청 근무 포함 16년간 담당 후, 기재부 등 경제부처와 교육부 등 사회부처 팀장 등을 맡아 세종과 서울을 오가면서 근무했다. 기재부 등을 총괄할 때 공무원들과 술자리는 거의 매일 이어졌다. 모든 부처 공무원들이 훌륭하지만, 기재부 공무원들은 나름대로 자존심도 강하고, 깔끔했다는 느낌을 받았다. 세종에서 3~4일 근무 시 저녁 술자리가 많았다. 공무원 주량도 상당하다. 과거 선배들이 "술자리도 절대 지면 안 된다."라는 나름 전통에 때론 과음을 했다. 그럴 때마다 다음 날 힘들었다. 숙취 해소 등을 위해 새벽에 일어나 세종 중심지에서 가장 높은 원수산(251m) 정상을 찍고, 사무실로 출근했다. 주변 장군봉과 전월산도 자주 산행했다. 세종과 서울을 오가며 근무하는 것이 힘들었지만, 다양한 공무원을 접하면서 좋은 인연도 많이 맺었고, 지금도 변함없이 연락하고 있다.

경찰청 정보국을 떠나 2023년 2월 종암경찰서 정보 안보 외사과장으로 발령을 받고 1년간 근무했다. 직원들과 족구대회 등 많은 추억도 쌓았다. 정도 많이 들었다. 정년 2년을 앞두고 남들보다 일찍 사회에 진출하는 것이 좋다고 판단하여 '총경'으로 퇴직, 정보관 인생을 마무리한 것이다.

2024년 2월 28일 퇴임식은 화려하게 했다. 이용관 경찰서장 등 경무과 직원들의 성대한 준비에 친한 친구, 선후배, 사랑하는 가족과 큰집 형님, 형수 내외 등 다수의 축하객이 참석했다. 특히 김창룡 전 경찰청장은 축하 영상 메시지를 보내 주었고, 김정석 청장은 직접 참석해 주었다. 퇴임 후 같이 근무했던 옛 동료들과는 성북구 개운산에 있는 북바위 이름을 따 '북바위 포럼' 모임도 만들었다.

30년간 정보관으로 근무하면서 2019년 1월 '대(大)정보관'으로 선정되었다. '大정보관' 제도는 한자로 큰 대(大) 자로 언론사의 '大기자'처럼 순수하게 정보 경찰로 25년 이상 근무한 자 중에서 다른 정보관에게 모범이 되고, 업무 능력이 뛰어난 자를 선정하는데, 당시 1호로 임명되었다. 지금도 경찰청 정보국 '명예의 전당' 코너에 사진과 인증서가 걸려 있다. 이는 정보관으로서 자부심이자, 역사이기도 하다.

힘듦과 보람이
교차했던 순간들

　2005년 4월 '경위'로 특진했다. 경위 특진은 허준영 경찰청장이 "범죄·사정첩보 평가(1년간)에서 1등 직원에게 특진해 주겠다."라고 공약했는데, 전국 평가에서 1등, 승진할 수 있었다. 당시는 경·검 수사권 조정 문제가 첨예하게 갈등을 넘어 국정의 최대 쟁점이었던 시절이었다. 담당 업무는 여의도 증권가와 국책은행, 민주노동당, 자유선진당, 민주당 등 국회와 경제 분야였다.

　2004년 4월 17대 국회에 민주노동당이 돌풍, 10명의 국회의원이 입성하면서 국회에 많은 변화가 있었다. 국회의원만 이용했던 전용 엘리베이터가 없어지는 등 특권 의식 버리기가 시작되었고, 비정규직 차별 철폐 법안 등 사회의 커다란 변화를 주도했었다. 2005년 세계무역기구WTO 쌀 협상 비준안 반대 국회 비준을 앞두고, 농민과 노동자를 대변했던 민주노동당 의원과 농민들의 반발 시위가 극에 달했다. 또한 비정규직 문제를 둘러싼 이랜드 노사 분규와 강남 뉴코아 백화점 특공대 투입 등 정보 수요가 많아 때론 휴일 없이 일해야만 했다.

2004년 8월 15일에는 광화문 교보문고 앞에서 '8.15 통일 집회'에 참가했던 이영순 의원이 경찰과 충돌, 방패에 이마가 찍혀 상처를 입은 사안이 발생했다. 상처를 입은 의원은 서대문에 있는 세란 병원에 입원했고, 허준영 서울청장이 병원을 찾아가 사과하는 일이 벌어졌다. 특히 민주노동당이 연말 예산안 처리에서 '캐스팅보트'를 쥐고 있어 여당인 열린우리당으로선 의원에 대한 사과가 큰 현안이었다. 그런데 의원이 사과를 거부하고, 병실 앞에는 24시간 보좌진이 지키고 있어 입원 병실 안으로 찾아가 사과하는 것이 쉽지 않았다. 서울청장도 빨리 방법을 찾도록 지시했으나, 뚜렷한 방법이 없었다.

오랜 고민 끝에 보좌진에게 속임수를 쓰기로 했다. 그것이 최상의 방법이라고 판단했다. 우선 병실을 지키는 보좌진에게 담배를 피우면서 이야기 좀 하자고 해서 잠시 다른 곳으로 유도했다. 이 틈을 이용, 서울청장이 병실에 들어가도록 한 것이다. 그 작전은 주효했다. 일을 성공적으로 마쳤고, 청장은 누구도 할 수 없는 일을 했다며 칭찬해 주었던 기억이 지금도 생생하다. 사실 나는 담배를 피우지 못한다. 그러나 업무 수행을 위해 피우지도 못하는 담배를 같이 피우자고 속인 것이다. 이후 보좌진이 반발했지만, 어쩔 수 없이 거짓말을 하게 되었다고 사과했다. 그때 이영순 의원 보좌관이 김동혁이다. 그때 보좌관이 22대 국회 이재강 의원실 보좌관으로 의원회관 복도에서 다시 만났는데, 서로가 반가워했다. 지금 생각해 봐도 어떻게 그런 생각을 했는지 신기할 정도이다.

이렇게 일은 잘 마무리되었고, 2005년 1월 19일 허준영 서울청장이 경찰청장으로 승진 취임했다. 허준영 청장은 경찰 개혁과 수사권 조정에 남다른 애정을 갖고, 경찰조직을 이끌었다. 그렇지만 2005년 11월 23일 '세계무역기구WTO 쌀 협상 비준안 반대 전국 농민대회' 진압 과정 시 농민 전용철, 홍덕표 등 2명이 사망, 정치적 책임을 지고 그해 12월 30일 취임 11개월 만에 아쉽게 그만두었다. 나 역시 농민 시위대에게 피습되어 옷이 찢어지는 등 '린치'를 당했다. 현장에 영등포서 형사와 동료가 있었지만, 구경만 할 수밖에 없었다. 결국, 김도식 서울청 정보관리부장의 지시로 기동대 5개 중대를 투입, 구출될 수 있었다. 구출된 후 강북삼성병원 응급실로 실려 가 치료받았다. 한동안 트라우마에 시달려 집회 현장에 나서지 못하는 아픔도 있었다.

그리고 이명박 정부 출범 후 광우병 관련 집회가 100일간 연일 광화문 일대에서 이어졌다. 집회는 심야에서 새벽까지 이어지면서 도로에서 밤을 꼬박 새우는 등 한마디로 전쟁터를 방불케 했다. 집회 현장에서 참가자 중 나의 신분을 알고 "정보 형사다!" 소리치는 바람에 몇 번 도망도 치는 등 위기의 순간도 있었다. 또한 2009년 1월 19일 용산 철거민 5명과 특공대 대원 1명이 사망한 사건이 발생했다. 그때도 과잉 진압 논란 등으로 경찰로서 힘든 시기였다. 이 사건으로 경찰청장으로 내정되었던 김석기 서울청장이 청문회도 하지 못하고 하차했다.

시간이 흘러 2014년 6월 밀양 송전탑 농성장 공권력 투입, 2014년 4월 16일 세월호 침몰 사고, 2016년 9월 15일 민중총궐기대회에 참가했던 백남기 농민 사망 사건, 2018년 1월 20일 박근혜 탄핵 때까지 집회 시위 현장에 있었다. 노태우 정권에 정보에 입문, 윤석열 정권 초기까지 8대 정권에서 30년간 각종 집회 시위 현장을 직접 지켜보고 관리하며 누구보다도 많은 경험을 했다. 그래서 나의 기억을 되살려 자서전 출간을 해 보는 것은 어떨까, 생각도 해 봤다. 그러나 여러 가지 이유로 실천하지 못했다. 그간 힘듦과 보람이 교차했던 순간이 아직도 내 뇌리에 가득 차 있다.

승진 과정의
아픔과 기쁨

　경찰 생활 중에서 개인적으로 가장 힘든 시기가 언제였는지 묻는다면 '경위'에서 '경감' 특진할 때라고 답할 것이다. 2005년 7월 4일 경위로 특진한 후, 2013년 11월 7일 '경감' 특진까지 무려 8년이란 세월 중에서 3년이 가장 힘들었다.

　2010년 8월 서울청 정보관리부 외근 정보관 업무평가에서 1등, 경찰청에 서울청 대표로 '경감' 특진을 상신하였으나, 최종 결재 단계에서 내 이름은 없었다. 사무실에선 특진이 확정된 분위기였으나, 결과는 딴판이었다. 이후 조현오 서울청장이 경찰청장에 취임했다. 허준영 경찰청장에 이어 수사권 조정에 사활을 걸고 있던 시기였다. 그래서 수사권 조정 등과 관련 특진자가 많이 생겼다. 나역시 서울청에서 나름 능력과 실력을 인정받았고, 업무평가에서

1등을 놓치지 않았다. 그래서 또다시 특진을 올렸으나, 이번에는 다른 직원에게 양보하라는 엄청난 상사의 압박이 있었다. "이번에 양보해 주면 다음에는 무조건 해주겠다."라는 약속이었다. 그러나 상사의 약속은 지켜지지 않았다. 그해 다시 내부 심사를 거쳐 특진 서류가 경찰청 최종 명단에 올라갔으나, 서울청 1등은 제외되고 3등이 승진했다. 정말 말이 되지 않는다고 울분을 토했다. 그래서 내부망 이의신청도 해 봤지만, 이미 결정된 명단은 바뀌지 않았다.

이렇게 반복된 특진 심사에서 무려 6번이나 탈락한 것이다. 그동안 3년이란 세월이 흘렀다. 내가 받은 마음의 상처는 무척이나 컸다. 내부 사무실 직원들도 "당신 때문에 다른 직원들은 특진 상신할 기회가 주어지지 않고 있다."라는 볼멘소리도 듣게 되었다. 그런 소리를 듣는 것이 너무나 힘들어 극단적인 생각도 해 봤다. 그러나 그것은 내가 패배를 인정하는 것이며, 답이 아니라고 판단했다. 마음을 다시 고쳐먹었다. 어떻게든 뒷배경이 아닌 실력으로 당당하게 평가받기로 하고, 때를 기다렸다.

특진에서 떨어질 때마다 설악산 봉정암, 대구 팔공산 갓바위, 여수 금오산 향일암, 남해 금산 보리암, 강화도 보문사 등 전국에서 유명하다는, 이른바 '기(기도발)'가 강하다는 사찰과 산을 찾아다니면서 가슴속 울분을 달랬다. 또한 시간이 날 때마다 북한산, 도봉산, 수락산 등 서울 인근에 있는 산을 다니면서 모든 것을 남의 탓이 아닌 나의 부족함으로 돌렸다. 그러니까 마음이 한결 편해지고,

꼭 승진이 아니더라도 묵묵히 나의 길을 걷겠다고 다짐할 수 있었다. 그런 마음을 먹고 자꾸 비우니 기회가 왔다.

2013년 연말 서울경찰청에 '경감' 특진자 1명이 배정된 것이다. 지금은 경감 특진이 쉽지만, 당시는 서울청에 1명 배정되기 힘든 시기였다. 당시 서울경찰청장이 김정석 청장이었다. 2004년 7월 서울청 정보1과로 발령받을 때 정보과장이었다. 누구보다도 나의 업무 능력 등을 잘 알고 계신 분이었다. 그간 6번 특진 탈락을 옆에서 지켜보면서 안타까워했다. 무엇보다도 김정석 청장은 원칙이 분명했고, 업무 처리도 공정했다. 그래서 특진을 심사한다면 공정하게 처리해 줄 것이라고 기대했다. 그 기대가 정확했다. 원칙대로 심사하겠다고 발표한 후 전광석처럼 심사를 진행했고, '경감' 특진자로 결정된 것이다. 발표된 날 기쁨을 넘어 행복해서 울었다. 역시 신은 노력한 자를 절대 속이지 않았다. 그때 승진하지 못했다면, 오늘날 내가 없다는 생각이 든다.

2013년 11월 7일 특진 임용식도 성대하게 해주었다. 경찰악대의 주악은 물론 그간 고생한 우리 가족과 친지까지 초청해 주었다. 행복한 순간이었다. 어쩌면 인생에 있어서 좋은 인연이 인생을 바꿀 수 있다고 확신했다. 그해 김정석 서울청장이 그만두고 김앤장 변호사로 10년 넘게 근무하다가 2024년 8월 경찰위원회 상임위원(차관급)으로 활동하고 계신다.

뒤돌아보면 당시 3년이란 세월이 아픈 시간이었지만, 한편으로 성찰의 시간이 되었다. 아픔 속에서 세상을 보는 혜안과 통찰력도 갖게 해준 고마운 시간이었다. 만약에 2010년 8월 경감으로 특진했다면, 다음 승진도 수월하게 갈 수 있었을 것이다. 그러면 기고만장했을 것이다. 아마도 신께서 건방 떨지 말고 보다 성숙한 인간으로 성장하라고 아픈 시간을 준 것이라고 봤다. 그래서 한편으로 그런 아픔이 내 인생에 있어서 큰 힘이 되었다.

그리고 3년간 아픔을 겪으면서 승진하는 데 필요한 '3요소'를 알게 되었다.

첫째는 상사와 동료를 잘 만나는 것이다. 나를 인정해 주고 이끌어 주는 상사와 밀어주는 동료가 있어야 한다는 사실이다. 두 번째는 남다른 성과물이 있어야 한다는 것이다. 평가에서 다른 동료와

비슷할 경우 승진을 시켜줄 수 없다고 본다. 누구나 인정할 만한 성과물을 내놓지 않으면 안 된다는 것이다. 그리고 마지막 세 번째는 시대적 상황이 나와 맞지 않으면 안 된다. "물이 들어왔을 때 배를 띄워라."라는 격언이 있듯이 시대적 상황이 맞지 않으면 승진할 수 없다. 조직 사회에서 승진할 수 있으면 해야겠지만, 세상에 공짜는 없다. 운도 있어야 한다. 아픔과 노력이 필요하다는 사실도 뒤늦게 알게 되었다. 이런 깨우침으로 '경정'은 최단기에 승진했다.

왜 산에 오르는가?

사람마다 산에 오르는 이유는 저마다 다를 것이다. 아름다운 산과 자연을 보면서 몸 건강도 생각해서 가는 것이 대부분일 것이다. 또한 산 정상에 도전해서 성취감과 동시에 자신감을 느끼기 위해 가는 사람도 있다. 나 역시 나만의 이유가 있다.

첫째, 산행은 생각을 정리할 수 있다. 보통 3~4시간 산행하다 보면 업무적으로나 집안일에 대해 정리가 되고, 그 정리를 토대로 하면 큰 문제가 없었다. 그래서 혼자 산행은 생각을 정리하는 데 유익하다.

둘째, 산행은 신체적, 정신적 건강에 도움이 된다. 나의 경우 정보관으로 1주일 내내 사람을 만나기 때문에 저녁에는 거의 술자리를 한다. 때론 분위기를 맞추기 위해 과음도 한다. 대부분 정보관의 생활은 이른바 '술과의 전쟁'을 벌인다. 특히 경찰청 정보국 정보관은 끝없는 식사 자리로 인해 체중이 늘어나고, 몸 상태가 좋지 않다. 한편으로 직업병이지만, 이를 극복하기 위해선 체력 관리 방법밖에 없다. 술독을 빼는 데 있어 산행만큼 좋은 운동이 없다고 본다. 그래서 특별한 경우를 제외하곤 휴일에는 꼭 1번 정도 산에 간다. 한마디로 살기 위해서이다.

셋째, 산행은 자기 자신을 돌아보고, 내면의 목소리에 귀 기울이는 성찰의 시간을 제공해준다. 특진에 6번 연속 탈락할 때 무조건 산에 올랐다. 휴일 집회 현장에 동원되었을 때도 근무가 끝나면 등산 가방을 메고 산으로 향했다. 근무를 마치고 산에 오르면 힘들지만 그래도 갔다. 누구는 힘든 산을 왜 오르느냐고 묻지만, 나만의 시간을 가질 수 있기 때문에 산을 오른다. 건강상의 이유로 산행이 어려운 분들도 있지만, 산에 오를 수 있다면 산행 만한 운동은 없다고 본다. 걷는 것이 최고의 운동이다. 지금도 마음이 복잡할 때마다 틈을 내어 산에 오르면서 마음을 잡아 본다.

한국의 100대 명산 도전

평소 산악회를 통해 전국 명산을 자주 다니곤 했다. 안내산악회는 사당과 양재역 등에서 출발하는, 이른바 산 입구(들머리)에서 내려준 다음에 하산 지점(날머리)에서 정확한 시간에 맞춰 회차한다. 등반대장이 직접 인솔하지 않고, 모두가 각자가 책임지는 산악회이다.

2018년 8월 4일 지리산을 산행하는데, 옆자리에 앉은 등산객이 "블랙야크에서 하는 100대 명산을 도전하고 있다."라며 나에게 한 번 도전하라고 한다. 그러면서 자신이 사용하는 '명산 100 도전단'이라고 새겨진 수건을 주면서 인증 방법까지 알려줬다.

그때부터 전국 100대 명산 도전에 나선 것이다. 직장생활 때문에 주로 주말을 이용했고, 휴가를 얻어 지방 있는 산도 다니곤 했다. 도전 과정에서 무리하게 산행하느라 고생도 많이 했다. '블랙야크' 앱에 그간 다녀온 100대 명산의 등산 날짜와 시간, 그리고 정상에서 찍은 사진이 고스란히 기록되어 있다. 블랙야크가 있는 한 등산 기록과 사진은 영원히 남아 있을 것이다. 무엇보다도 좋은 점은 포인트를 준다는 것이다. 예를 들어 설악산 정상인 대청봉에서 인증하면 산 높이가 1,708m라서 1,708원을 적립해 준다. 적립된 포인트로 블랙야크 옷 등을 살 수 있다. 그간 쌓인 포인트를 이용, 다수의 옷 등을 구매해 지금도 입고 다니고 있다. 그리고 매년 1회 '클럽 데이'를 하는데, 히말라야 등반 행운권 추첨도 한다. 100대 명산 완등 후 2번 참가했으나 당첨은 되지 않았다. 히말라야 등반은 나의 '버킷리스트' 중 하나다. 가끔 100대 명산 인증 사진을 본다. 하나하나가 추억과 사연이 담겨있다.

21년 7월 3일 전남 영광군에 있는 불갑산을 등산했다. 그날 개인적으로 승용차를 이용해 등산하는데 비가 많이 내렸다. 비가 내리면 산행하지 않는 것이 좋은데, 큰마음 먹고 서울에서 내려와 그냥 돌아갈 수가 없었다. 그래서 무조건 강행했다. 등산 입구 도로부터 비가 엄청나게 내렸다. 강우에 하늘마저 어두워지기 시작했다. 산행 내내 등산객 한 명도 만날 수 없었다. 처음 와 보는 산이고, 제대로 등산 장비를 갖추지 않고 출발해 불안감이 엄습해 왔다. 자칫 사고로 이어진다면 연락도 힘들고 누구도 구조해 줄 수 없을 것이다. 겨우 정상에 도착, 인증을 하고 바로 내려오면서 침착하자고 스스로 주문했다. 무사히 산행을 마치고 서울로 올라올 수 있었다.

3년간 봄, 여름, 가을, 겨울을 거치면서 아름다운 명산을 구경하고 자연을 만끽했다. 눈으로 덮인 무등산과 대둔산, 단풍으로 물든 내장산 등 전국 명산을 구경하고 나를 돌아보는 시간이었다. 명산에는 늘 유명한 사찰이 반드시 있다. 하산 후 사찰에 들러 부처님에게 절을 하고 공양도 했다. 안전 산행에 감사함과 동시에 가족의 건강과 행복을 빌었다. 100대 명산 완등과 함께 지리산 '화대 종주' 등도 했다. 한번은 폭우로 입산 통제되어 중도에 하산했다. 설악산 봉정암은 20번 정도 다녀온 것 같다. 지금은 등산로가 워낙 잘되어 있어 누구나 쉽게 갈 수 있다. 특히 봉정암에서 잠을 청하면서 하룻밤 기도하는 것은 좋다. 봉정암에 기도하면 한 가지 소원을 들어준다고 한다. 설악산도 공룡능선 코스는 누구나 쉽게 도전할 수 없지만, 산을 좋아한다면 꼭 해 봐야 할 코스다.

서울의 경우 북한산만큼 명산이 없다. 서울 살면서 다양한 북한산 코스를 많이 산행했다. 최근에는 외국인 관광객들도 한국에 오면 북한산을 등반한다고 한다. 그만큼 명산이다. 사계절 쉽게 갈 수 있고, 코스도 다양해 등산을 좋아한다면 자주 오르는 것이 좋다.

3년간 전국 명산을 다니다 보니, 드디어 2021년 10월 11일(월) 한라산에서 100대 명산 인증식을 했다. 2018년 8월 4일 지리산에서 시작해 한라산에서 마친 것이다. 인증식에는 사랑하는 아내가 함께해 주었다. 정상에서 "산은 나의 인생길이다."라는 내용이 새

거진 플래카드를 걸어 놓고 사진을 찍었다. 주변 등산객들도 같이 축하해 주었다. 100대 명산 완등은 다시 한번 산에 대한 고마움을 일깨워 주었다. '완등 기념패'도 집에 소중하게 보관하고 있다.

지금은 100대 명산 중 가고 싶은 산 중심으로 다시 산행한다. 대한민국은 아름다운 산이 전국 어디든지 있다. 지금은 지방자치단체가 등산로와 안내판을 잘 정비해서 산행하는 데 문제가 없다. 또한 등산 내비게이션인 '트랭글' 앱을 핸드폰에 깔아놓고 안내받는다면 처음 가보는 산도 쉽게 갈 수 있다. 그만큼 산행 환경이 좋아졌다. 산에선 늘 겸손해야 한다. 자칫 방심하면 위험이 따른다. 산을 통해 겸손과 배려심도 배운다.

새로운 길을 보다

    산을 통해 다양한 사람들을 만났다. 그중에서 나에게 강한 영향력을 미친 분을 꼽는다면, 손혜숙 법사다. 등산에 있어서는 달인이다. 60세 중반을 바라보고 있는데, 지금도 북한산 염초봉과 만경대를 산행한다. 단순히 등산만 하신 분이 아니다. 서울 은평·서부경찰서 '경승실'을 맡고 계신 불자이다. 2004년 10월 21일 경찰의 날 설악산 등산 때 처음 같이 산행을 시작, 20년간 전국 명산을 많이 다녔다. 지리산 종주부터 북한산 12개 성문, 설악산 공룡능선 완주 등 유명하다는 전국 명산은 항상 같이했다. 산행만 하는 것이 아니고 인생도 배웠다. 그리고 어려움이 있을 때 내 인생의 멘토가 되어 주었다.

    경감으로 승진한 후 새로운 공부에 도전하게 되었다. 선배의 소개로 의왕에 소재한 한세대학교 대학원에 진학했다. 대학원에 다니기 위해선 금전과 시간 등 여러 가지 어려움이 있었지만, 아내가 적극적으로 밀어주었다. 5년의 노력 끝에 '정보 경찰의 합리적인 정보활동을 위한 제도적 정비 방안에 관한 연구' 제목으로 논문이 통과되어 2018년 2월 학위를 받았다.

박사학위를 취득한 후, 아산에 소재한 경찰 인재개발원에서 정보관 등을 상대로 자주 출강했다. 특강 소문이 알려지면서 경기남부청, 대전청, 울산청 등으로 이어졌고, 2023년 7월 국민대 대학원생들을 상대로 특강을 했다. 2024년 6월 퇴직 후에는 광역정보팀으로 직제가 변경되면서 서울경찰청 광역정보 2·3·9팀 정보관을 상대로 무료 특강을 했다. 또한 기재부를 담당할 때 대학원 설치 예산 확보에 노력한 결과, 2023년 중앙대학교 대학원에 '공공 갈등 정보학과' 석사 과정이 개설되었다. 2024년 10월 12일 토요일 오후 대학원 2기 상대(20명)로 2시간 특강을 했다. 특강 내용은 16년간 국회를 담당하면서 겪은 경험과 노하우를 토대로 한 '고도화된 정치집단'(부제: 국회의 이해와 작동원리)이 주제였다. 무엇보다도 대학원에서 외부 특강 강사 초청은 처음이었다고 한다. 강의한다는 자체도 좋았고, 후배 정보관을 만나 더욱 행복한 시간이었다.

퇴임 후 오랜 공직 생활을 뒤로하고 이젠 새로운 길을 걷고 있다. 무엇보다도 당당하고 떳떳하면서 욕을 먹지 않은 선배로 남고 싶다. 인생에는 정답이 없지만, 후배에게 선한 영향력을 미치는 선배가 되어야 한다고 늘 생각한다. 또한 비굴하지 않고 베풀 수 있는 선에서 실천할 것이다. 아울러 친구와 은혜를 베풀어준 고마운 분을 잊지 않고, 좋은 관계를 유지하는 것도 나의 길이다. 새로운 길은 특별한 것이 아니다. 그저 일상에서의 행복을 찾는 것이다.

에필로그

"산에서 인생을 찾다."라는 제목을 정하면서 여러 감정이 교차했다. 산을 통해 아픈 상처를 치유했고, 복잡한 생각을 정리할 수 있었다. 무엇보다도 산은 힘들고 지친 육신을 달래주었다. 그래서 지금도 틈틈이 전국 명산을 다닌다. 퇴임한 후에도 상장회사 임원, 한국방송통신대학교 특임교수 그리고 특강 등으로 바쁘게 살고 있다. 그 바쁜 일상을 가능하게 하는 원동력은 배움에 대한 열정이다.

2024년 9월 9일 고려대명강사최고위과정에 입학, 원우회장을 맡았다. 최고위 과정에서 강의 기법은 물론 PPT 기술 등 다양하게 배웠다. 아마도 이렇게 직장과 공부 등 바쁘게 사는 것도 건강하므로 가능하다.

나에게 산은 단순한 산이 아니다. 산이 주는 다양한 메시지는 많다. 앞으로 무릎이 아프지 않고, 건강이 허락한다면 멈출 수 없다.

나의 버킷리스트 중 하나인 히말라야 등반도 있다. 그리고 4,800km에 이르는 '코리아 둘레길' 완주도 있다. 늘 꿈을 꾸고 있다. 한편으로 감사함을 갖고 있다. 지금도 산 정상에 도착하면 '정상석'에 손을 대고 감사의 기도를 한다. 특히 공직 생활 중 아무런 징계도 없이 무사히 퇴직할 수 있음을 감사한다. 그리고 퇴직 후에도 건강하고 충실한 삶을 이어가고 있음에 감사한다.

무엇보다도 고려대명강사최고위과정을 통해 인품이 훌륭한 원우를 만나 또 새로운 배움을 얻고 있다. 인생은 끝없는 배움의 길임을 다시 한번 실감한다. 공자가 인생에 있어서 3가지 즐거움이 있다고 했는데, 그중 하나가 '배움의 즐거움'이라고 했다. 포드자동차 창업자 Henry Ford(1863~1947)는 "배움을 멈추는 사람은 20살이든 80살이든 늙은 사람이다. 배움을 계속하는 사람은 젊음을 유지한다."라고 배움의 중요성을 이야기했다. 산을 묵묵히 산행하듯 인생의 끝까지 배움을 멈추지 않을 것이다.

CHAPTER 9

도전과 성장의 여정

누군가의 신앙은 종종 자신에게 큰 위로와 희망을 주며,
가장 어려운 상황에서도 흔들리지 않는 정신적 힘을 제공한다.
암이라는 병마저도 신체적, 정신적으로는
극한의 고통을 줄 수 있지만,
마음 안에 있는 평화와 하나님이 주시는 위로만큼은 도둑질할 수는 없다.

이 지 현

Mobile 010-4266-1556

학력 및 경력사항

- 고려대명강사최고위과정 20기 홍보위원장
- 보건대 간호학과 졸업
- 경찰공무원 10년 근속
- 왕가요양원 간호실장
- 동국대 국제자연치유사 7기 수료

자격 사항

- 명강의명강사 1급
- 리더십지도사 1급
- 인성지도사 1급
- 스피치지도사 1급
- 부모교육상담사 1급
- 평생교육강사 1급
- 노인교육강사 1급
- 기업교육강사 1급
- 자연정혈요법 1급
- 국제자연치유사
- 힐링자연건강지도사
- 약용식물지도사

저서

- 고려대 명강사 25시(공저): 도전과 성장의 여정

첫 번째 도전:
여성 간호 장교가 되기까지

나는 어릴 적부터 사람을 돌보고 아픈 이들에게 힘이 되고 싶은 마음이 항상 있었다. 아마도 남을 먼저 배려하는 부모님의 삶 곁에서 은연히 스며든 마음인 것 같다.

내가 15살 중학생 때의 어느 날, 여동생이 아파서 급하게 경북 영주에 소재한 영주병원으로 이송된 일이 있다. 넷째 여동생은 당시만 해도 어린 아기였다. 어머니께서 업고 가시다가 기차를 타셨는데, 가던 도중 동생의 숨이 넘어가려던 찰나에, 급하다는 연락을 받고 마침 중간역 정차하는 틈에 의사 선생님께서 탑승하셨다. 의사 선생님은 탑승하자마자 '동침'이라고 불리는 아주 큰 침을 꺼내어 여동생의 가슴에 찔러 넣었다. 다행히 동생은 숨이 돌아왔고, 의사 선생님의 도움으로 살아나게 되었다. 당시 여동생은 폐렴 증상이었는데 병원으로 이송되어 얼마간의 치료를 거쳐 퇴원할 수 있었다. 그로부터 나는 남의 목숨을 살리는 의사의 꿈에 확신을 갖게 되었다.

이후, 고등학교에 입학하여 학교에 다니면서 학업에도 매진하게 되었다. 반면 누구나와 마찬가지로 나도 진로에 대해 고민이 되었다. "내가 정말로 원하는 것은 무엇일까?"를 고민하던 중 눈에 들어온 것이 간호 장교라는 길이었다. 일찍이 아버지는 이북의 함경북도가 고향이셨는데 한때는 금과 은, 철의 주산지였던 장(長)군의 동광산 사장이셨다. 할아버지께서는 일제 강점기에 많은 고난을 받으면서 애국정신이 남다른 분이셨다. 또한 6.25 전쟁 당시에는 양녕대군의 16대손 왕족 출신이라는 명분으로 갑자기 잡혀가신 후 언제 어디서인지 흔적도 남기지 않고 돌아가셨다. 그런 이유로 우리 집은 일찍부터 친가의 식구나 친척은 거의 없고, 대부분 외갓집 가족이나 친지들과 왕래할 수밖에 없었다. 그 까닭이었던지 아버지는 결혼 전 군인의 신분에도 불구하고 베트남전에 자원 참전하게 되면서 참전용사로 지내신 바 있다.

아버지의 후일담들을 듣고 자란 우리도 자연스레 애국심이 깃들었다. 젊은 시절 나라를 지키는 군인이야말로 애국자이며 그들을 위해 나도 조금이나마 보탬이 되고 싶다는 마음이 일었다. 고등학교를 졸업 후 자연스레 보건대 간호학과에 진학했다. 간호대를 졸업하면 군대라는 특별한 환경에 들어가 간호사의 역할을 성실히 수행할 것을 다짐하면서 말이다. 여성으로서 군에 입대한다는 것은 당시만 해도 지원자가 그리 많지 않았던 터라 장교가 된다는 것은 만만치 않은 각오가 필요하였다. 하지만 보건대 졸업 후 과감히 간호 장교 지원서를 접수하였다. 이제 군인으로서의 지식과 체력, 정신력의 자질을 증명하는 시험대만 남은 셈이다.

지원 과정

가장 먼저 마주한 것은 간호 장교 지원 과정이다. 일반 간호사와는 달리 군에서는 간호지식뿐 아니라 신체적 조건과 체력 테스트가 동반된다. 또한 장교이기에 리더십은 물론 잠재력 평가 등 다양한 검증 과정을 요구한다. 우선 필기시험과 함께 면접 준비에 밤낮 가리지 않고 공부를 했다. 그리고 군에서 필요로 하는 기본적인 군사 지식과 의료 지식을 학습하며 나 자신이 군에서 어떻게 역할을 해나갈지를 더 명확하게 그려가기 시작하였다.

면접이 있던 날, 나는 긴장된 마음으로 면접관들 앞에 섰다. 면접관들은 나의 의지와 강단을 시험했고, "왜 간호 장교가 되고 싶은가?"라고 질문을 던졌다. 나는 잠시 숨을 고른 뒤 거침없이 이렇게 대답했다. "환자를 돌보는 일은 제게 큰 의미가 있습니다. 하지만 더 큰 의미는 그저 간호사에만 머물기보다 군대라는 더 넓은 무대에서 나라를 위해 헌신하는 군 장병들을 돕고 싶습니다. 그 일에 제 역량을 나눠고 싶은 까닭입니다. 나라를 안전하게 지키는 군인들이 있기에 나의 가족도 보다 안전하고 행복하게 살아왔음을 부인할 수 없습니다. 이에 군인의 건강을 책임지는 간호사로서 저는 큰 사명감을 느낍니다."

전역 후 수십 년이 지난 지금 생각해 봐도 '당시 어떻게 저런 대답을 했을까?'를 생각하면 헛웃음만 나온다. 나의 대답이 진심으로 전달되었던지 필기와 함께 치러진 면접을 무사히 통과하게 되었다.

체력 훈련과 군사 훈련

필기와 면접, 기초체력 검정 과정들을 통과 후, 훈련소 입교와 함께 본격적인 체력 훈련과 군사 훈련이 시작되었다. 하지만 체력 훈련은 내가 예상했던 것보다 강도가 만만치 않았고 중요도에서도 무엇보다 우선순위 중 하나였다. 매일 아침 기상과 함께 강도 높은 체력 훈련이 있었는데, 처음엔 무척이나 고단했다. 달리기, 팔굽혀펴기, 유산소 운동 등 지속적으로 반복해 가는 훈련을 통해 나의 체력도 점점 신장되어 갔다. 그뿐 아니라 비례하여 정신력도 한층 단단해져 갔다. 나 자신의 한계를 뛰어넘는 정신적, 신체적 단련 경험을 쌓아가면서 동료 훈련생들과는 서로 각별히 격려하며 훈련 생활을 버텨냈다.

기초 군사 훈련에서는 기본 사격술, 전술 훈련, 응급 처치 훈련 등 다양한 기술들을 배우고 섭렵하였다. 특히 응급 상황에서의 처치 능력은 간호 장교로서의 가장 필수적인 이수 항목이었다. 주어진 훈련들을 성실하게 익히며 훈련을 마치고 내무반에 들어서 쉬는 시간이면 자대 배치 후의 내 모습을 그려보기도 했다. 헬기에 오르는 모습이라든지 긴박한 상황에 대한 일종의 추론들도 가정하면서 말이다. 아직은 자대 경험이 없는 까닭이겠지만, "만약 전시의 상황이 생기더라도 의료 지원에 최선을 다하는 간호사가 되겠다."라는 일념으로 훈련에 임했다. 마음속으로는 그때 나의 좌우명을 만들었다. "얼굴은 추천장이자, 마음은 신용장인 간호 장교!"라고.

임관의 순간

어느덧 훈련의 제반 과정들을 모두 통과하고 나는 드디어 임관식을 맞이한다. 군복을 입고 정렬된 사열대열 속에 동료들과 함께 서 있는 나. 그날은 상상만으로도 마음이 벅찼다. 군악대의 연주가 시작되고, 서서히 장교 후보생들의 이름이 연단 단상 옆 스피커를 통해 호명되었다. 함께 나의 이름도 호명되는 순간 나는 단정한 걸음으로 단상 앞으로 나아가 관등성명을 댔다. "장교 후보생, 이지연."이라며 힘찬 구령을 외쳤고, 이어 즉시로 신임 장교 임관장을 받았다. 조국 대한민국을 지키는 호국 간성으로서의 책임감이 전신을 타고 전율처럼 온몸으로 흘러 내려왔다. 훈련 동안에 겪은 모든 고통과 노력들이 보람으로 변하는 순간이다.

이후 자대 배속을 받으면서 본격적으로 간호 장교로서의 생활
도 시작되었다. 처음에는 군 병원으로 배치되어 간호 보조 업무에
한동안 집중하다가 얼마 지나지 않아 다양한 임무를 병행하게 되
었다. 때로는 위급한 응급 상황에서 군인들을 치료하고, 때로는 예
방 의료를 위해 병사들과 소통도 해야 했다. 단순히 환자를 돌보는
간호사가 아닌 군대라는 공간에서 발생하는 다양한 상황들이 이
어져 왔고 공동체의 일원으로서 그들의 건강을 책임져야 했다. 위
급하고 응급한 상황이 수시로 발생하는 간호 장교로서의 생활은
때때로 고되고 외로울 수 있다. 하지만 그때마다 나를 믿고 기도해
주는 가족과 친구들, 그리고 봉직하는 동료들을 떠올리며 장교 생
활을 이어갔다.

전역 후 장교 시절 알던 동료들과

새로운 도전과 미래

간호 장교로서의 첫발을 떼고 해가 지나면서 나의 의료 지식과 경험도 한층 늘어갔다. 그리고 군 병원 내에서의 입지도 자연스레 성장해 갔다. 간호 장교로서의 시간들은 나에게 있어 단순한 '직무' 이상의 의미만은 아니었다. 그 의미들은 소외되기 쉬운 사람들과 특별히 사회적 약자를 배려하겠다는 태도와 다짐이 더 많이 필요하다는 결심으로 이어졌다. 군인을 배출하는 토양은 사회에 있고, 군을 지탱하는 뿌리도 사회라는 인식 속에 건강한 군인들이 배출되기 위해서는 그 토양인 사회가 건강해야 한다는 인식이었다. 그리고 그 생각들은 '내가 어떤 역할을 하는 것이 나을까?'라는 고민이 되었다.

그리고 간호 장교로 3년간 복무하는 중 남편을 만나게 되고, 결혼을 하면서 30대에 두 딸을 양육하고 근무를 마치면 가사 일까지 병행하게 되었다. 더욱이 시어머니까지 모시게 되었는데 모든 일을 감당하기에는 한계가 있었다. 사랑스러운 두 아이를 키우면서 간호 일을 가까운 동네병원 쪽으로 알아보게 되었다. 그러면서 자연스레 국가공무원으로 직업을 모색하게 되었고, 방범과 청소년계 소속의 경찰관으로 전업하였다.

방범 소년계 소속 경찰관으로의 생활은 군대와는 또 다른 느낌의 도전이었다. 경찰관으로서의 첫날, 나의 역할이 단지 범죄를 예방하고 해결하는 것을 뛰어 넘어선다는 것을 알았다. 특히 청소년을 보호하는 업무는 사회에서 소외된 이들의 목소리를 대변하는 일이자 때로는 그들이 겪는 아픔을 직접 마주하는 일이었다. 군에서의 생활이 위급상황에서 발생하는 부상자 응급 처치 위주라면, 경찰서 내의 소년계는 각종 사건에 연루된 소년, 소녀, 청소년들을 돕는 곳이다. 그들은 성폭력, 가정폭력, 학교 폭력 등 다양한 문제에 직면해 있고, 나는 그들의 이야기를 듣고 도움을 줄 수 있는 위치이자 역할이었다. 누군가의 삶에 실질적인 변화를 줄 수 있다는 것은 어느 면에서 의미가 크다. 하지만 간혹 고통스럽기도 하다. 특히 미성년자들이 겪는 어려움과 불공정한 현실을 마주할 때, 나는 더 나은 세상들이 그들 위에 만들어졌으면 하는 바람과 사명감을 강하게 느꼈다.

그때마다 내가 품고 있던 가슴속 신앙이 나에게 큰 도움이 되었다. 간호 장교 시절도 그랬지만 나는 이곳에서도 한편 '치유자'의 역할을 담당하고 있었다. 다만 이번에는 몸이 아닌, 청소년의 마음까지도 치유할 수 있었다. 신앙 안에서 나는 다른 청소년 여학생들과도 대화를 통해 더 많은 사건과 상황에 쉽게, 그리고 더 깊이 다가갈 수 있었다. 마음속으로 기도하며 그들을 위해 위로의 말을 전할 때마다 그들은 내게 고통을 털어놓았고, 나는 그들의 대변자가 될 수 있었다. 이 과정에서 한 여성이 다른 여성을 돕는다는 것이 얼마나 중요한지 깨달았다. 그리고 상담과 사건 해결에 임하는 대다수 거의 모든 청소년이 내 자녀와 같이 여겨졌다는 점은 남다른

방범 청소년계 근무 시절

감정이었다.

경찰관이라는 직업은 권위적인 역할이기도 하지만, 나에게는 인간적인 관계 안에서 그들을 치유하고 계몽하며 공감하는 것이 더 중요한 일이라 여겨졌다. 경찰서에서 복무하던 10년이라는 시간 동안 누군가에게는 안전함을 줄 수 있었고, 나아가 그들이 더 나은 내일을 꿈꾸게 할 수 있었다는 점에서 하나님께 감사한다. 아울러 현역에서 벗어난 지금도 내가 걸어온 길에서의 뭇 여성들과 청소년들이 건강한 삶을 영위하기를 기도한다. 그리고 그들이 더 안전하고 존중받는 사회에서 살 수 있기를 옹호한다. 한편으로는 간호 장교나 경찰관을 꿈꾸는 후배 여성들이 있다면 그들의 도전이 삶 속에서 더 많은 기회와 헌신으로 타인의 삶을 유익하고 건강하게 엮어 줄 것을 주문해 본다.

"이것이 내가 간호 장교로, 그리고 경찰관으로의 길을
걸어온 이유이기 때문이다."

엄마저도
꺾을 수 없는 신앙의 힘

2023년 12월, 나는 암 진단을 받았다. 아마도 잠시 쉬어가라는 신호이자, 암시인가 싶다. 따지고 보면 나는 결혼 이후 한 번도 맘 편히 쉬어본 적이 없다. 군복무에서 3년 뒤 퇴직하고, 4년째에 이르는 동안 나는 두 아이의 엄마이기도 했다. 또한 한 남자의 아내였으며, 시어머니를 모시는 막내며느리이기도 했다.

누구나 그렇듯 내 삶은 호락호락하지 않고 40~50대의 중년기 동안 우여곡절의 시간이 무척 많았다. 직장을 다니면서 모시던 시어머님의 병환은 단순히 한 가지에 그친 것이 아니었다. 당뇨와 녹내장으로 각막이 말라서 앞이 전혀 보이지 않았다. 맹인과 다름이 없었다. 치아도 좋지 않을뿐더러, 치매가 있으셔서 주변에서 당해낼 분이 없었다. 하지만 나는 주말마다 동네 어르신들을 집으로 모셔

와 시어머님과 함께 소통하시도록 비빔밥과 수제비를 만들어 드렸다. 그런가 하면 10원짜리 민화투도 치며 놀 수 있게 해드렸다. 대략 4~5명이서 함께하셨는데, 시어머니의 치매를 조금이나마 늦추어 유병 진전을 막기 위한 것이었다.

시댁의 올케나 시누이는 막내며느리인 내가 시어머님이 돌아가실 때까지 모시면 제사는 큰며느리가 모신다고 했지만, 한 번도 어머니를 대접하거나 용돈을 드린 적도 없다. 물려받은 재산이 없다는 핑계로 생신 때나 혹여 병원 진료 때에도 도움을 주지 않았다. 치료로 큰돈이 필요할 때도 마찬가지였다. 그러다 보니 우리는 많은 부담을 안고 살아야 했다. 시어머님이 돌아가신 때나 후로도 10원 하나 나누지 않았던 걸 생각하면 참으로 아이러니한 삶이었다. 참으로 모질기에 그지없음이 듣도 보도 못한 공식을 배웠다고 생각된다.

그런 세월을 지내는 동안, 12살 많은 시누님도 우리 집에 함께 기거했는데, 10여 년을 함께 지내다가 전셋집을 구해 드리게 되었다. 한편으로는 남편의 형님인 시숙도 놀면서 나의 월급날인 25일이면 꼬박꼬박 경찰서로 찾아와 돈을 빌려 달라고 요구하기 일쑤였다. 오십만 원은 보통이고, 남편에게도 들러 삼십만 원씩 빌려 갔다. 동생이 아닌 돈 만드는 기계로 여긴 거나 다름없었다.

그러한 형편에도 나는 경찰서에서 결손가정의 청소년들이 돈이 없으면 비행 청소년이 되기에 여러 명을 돕는 일에는 아끼지 않았다. 청소년들이 학교에도 못 가고 문구점에서 물품을 가지고 나오다가 가게 주인에게 들켜 경찰서로 잡혀 오면 가급적 소년원이나 교도소에 들어가지 않도록 계도에 만전을 기울였다. 교도소로 보내면 좋을 것이 없으니 문구점 주인에게 보상과 함께 용서를 구하고 오히려 지킴이 알바를 경험하게 한 적도 여러 번이다. 문구점에서 도난 방지 알바로 있으면 도둑도 발생하지 않거니와 매출도 안전하여 '일석삼조'였기에 문구점의 사장도 경험해 보고선 칭찬하며 매우 좋아했다.

다른 한편으로는, 결손가정의 중학생들을 선도하는 차원에서 장학금으로 3년 동안 5명의 학비를 만들어서 내주기도 하였다. 졸업을 하면 아르바이트 자리를 알선해 주며 용돈을 벌어 쓸 수 있게

표창 받는 청소년들

하였다. 나의 특별한 가정사나 청소년들 선도 차원에서의 선행을
글로 쓰는 이유는, 나의 자랑이나 일삼고자 함이 아니다. 누구에게
나 삶이 굴곡지면 힘든 여정이 있을 수 있기에 수많은 영역에 있는
많은 이들이 이 글을 읽고 선한 마음의 도전을 하며 인내하여 꿈
을 잃지 말기를 바라는 마음에서다. 힘든 여정 가운데에서도 보람
있는 삶을 웃으면서 이어갈 수 있었던 것은, 하나님의 은혜이자 두
아이가 큰 원동력이었기 때문이다. 후술하겠지만 어려움 속에서
자라준 두 딸은 학원을 못 다녔음에도 중, 고등학교를 영재반에서
다니게 되었다.

선한 영향력을 잃지 말자

신앙 2

시어머님을 모시던 어느 날, 한번은 퇴근하여 집에 갔더니 시어머님께 방 안에 대변을 놓은 채 이불로 덮어놓고, 수돗물은 틀어놓고 대야에 앉아서 당신은 떨고 계셨다. 눈이 보이지 않는데 어떻게 하셨는지 가스레인지는 바닥에 엎어져 있었는데 불이 나지 않았으니 그나마 다행이었다. 냉장고도 넘어졌는데 다친 곳이 없다는 것도 다행 중 하나였다. 참으로 하나님의 은혜가 아닐 수 없다. 직장을 다니면서 내내 어머니를 모셔 왔지만 그때나 그전, 후에도 어머니의 용변 냄새는 단 한 번도 나지 않았다. 직장과 어머니 간병으로 교회를 오랫동안 못 다녔지만 내 입에서는 신기하게도 찬송가가 흥얼거려졌고 내 마음은 안식으로 가득했다.

2004년도 1월 무렵 모시던 시어머님께서 돌아가셨다. 오랫동안 어머니를 모셔 왔지만 돌아가시자 어느새 그마저도 그간 못한 것만 생각이 나서 많이 울었다. 그렇게 혼돈의 시간을 건너오는 동안 암이라는 병마가 묻어왔을까? 암은 생겼지만 나는 불안함보다는 오히려 큰 위안을 느꼈다. 역설이라고 해야 할까? 병마라는 시련이 하나님께로 다시 돌아가 나 자신을 반추해 볼 수 있게 하였으니 말이다. 그 때문에 내 안에서 누리는 기쁨과 위로가 오히려 넘쳐나고, 꺾을 수 없는 감사가 병마 속에서도 이어지고 있음을 부인할 수 없다. 어떤 사람들은 묻곤 한다. "어떻게 그렇게 강할 수 있냐?"고. 그럼 나는 대답한다.

"어차피 한번 태어나 가는 인생에 길고 짧은 게 뭐 그리 중요하냐고. 다만 사는 날 동안 어떻게 사느냐가 더 중요하지 않냐."며 반문한다.

릴케Rainer Maria Rilke가 '가을'을 얘기하듯 말이다.

가을날이여

주여, 때가 왔습니다.

올여름은 참으로 뜨겁고 위대했습니다.

당신의 그림자를 해시계 위에 드리우고,

들판에 바람을 보내 주소서.

마지막 과일들이 익게 하시고,

이틀만 더 남국의 날을 주셔서
열매가 넘치게 익게 하시며,
진한 포도주에 단맛이 들게 하소서.

집이 없는 자 이제는 더 지을 수 없으리니
홀로 있는 자도 오래 그렇게 남으리이다.
깨어 있는 자, 독서하며 밤을 보내고,
그 긴 편지들을 쓰며 이리저리
하나님 나라를 그리면서 영혼이 떠돌리이다.

돌이켜보니, 지금까지 살아오면서 한 번도 나 자신이 강하다고 생각해 본 적은 없다. 단지 어렸을 때부터 믿은 하나님. 그 믿음과 신앙이 어려울 때마다 마음의 평화와 안식으로 이어져 강한 버팀목이 될 수 있었다. 누군가의 신앙은 종종 자신에게 큰 위로와 희망을 주며, 가장 어려운 상황에서도 흔들리지 않는 정신적 힘을 제공한다. 암이라는 병마저도 신체적, 정신적으로는 극한의 고통을 줄 수 있지만, 마음 안에 있는 평화와 하나님이 주시는 위로만큼은 도둑질할 수는 없다. 영원한 삶에 대한 동경과 함께 믿음으로 이어지는 확신은 인간만이 가질 수 있는 신의 특별한 선물이자, 특권이기 때문 아닐까. 현재의 고통을 초월하는 눈을 갖게도 하지만 다른 한편으로 하나님께서 내 성전을 수리하시는 중이라 믿으며 인생의 참 의미를 되찾도록 하니 말이다. 어려움과 병마저도 꺾을 수 없는 깊은 내적 평화를 일으키는 힘의 원천은 "내 힘이 아닌 분명 나를 만드신 창조주의 선물"이라고 나는 감히 고백한다.

나에게 두 딸은 기쁨의 원천

하루의 시작과 끝은 두 딸의 웃음소리로 물들어간다. 때로는 바쁘고 피곤한 일상에서도 딸들의 작은 몸짓 하나하나는 나에게 커다란 위안과 행복을 선사한다. 지금은 둘 다 성년이 되었지만, 첫 발자국을 떼는 순간부터 손을 뻗어 나를 부르던 첫아이와 둘째의 모습을 나는 잊을 수 없다. 아니 엄마이기에 잊지 못한다. 열 달을 꼬박 배 속에 있다가 이 땅의 파란 하늘을 향해 초롱초롱한 눈을 가지고 태어났던 그 모든 순간이 내게는 너무나도 소중하고 특별한 기억들이다.

자라면서 네다섯 살 어렸을 때는 천진난만한 웃음소리가 방 안에 가득했고, 일과 가사 등으로 어깨를 짓누르던 무게들은 지극히 가벼울 수 있었다. 두 딸이 서로 장난치고, 같이 웃고 떠드는 모습을 보고 있으면 세상에서 가장 맑고, 깨끗한 음악이자 샘이었다. 그 자체로서 마음이 따뜻해지곤 하였다. 이제 칠순이 다 되어가지만, 아직도 기억들이 생생하다. 아무리 힘든 일이 있어도 그 순간만큼은 걱정거리들이 사라지고 오로지 아이들의 기쁨에 나도 함께 빠져들었다. 옹알이 무렵 종종 듣던 순진하고 순수한 질문들도 생각이 나곤 하는데 매번 나를 놀라게 했다. 어른이 되면서 점점 당연하게 생각했던 것들이 지금은 새삼 추억으로 녹아 가슴속에 더 스며온다. 그들의 눈에 비친 세상은 늘 신기하고 호기심 가득한 곳. 그 덕분에 나 또한 잊고 있었던 당시가 가끔 떠오르곤 한다.

　암 투병하는 동안 이런 적도 있었다. 두 딸이 아무 염려 말라며 꼬박 6개월 동안을 병원에 동행해 주었다. 그뿐 아니라 무공해 음식을 매번 챙겨주고, 계란의 경우도 방목해서 낳은 알만 주문해서 받게 한다. 아이들의 지극 정성이지만 마음을 덜어줄 겸 어떻게 안심시킬까를 고민하다가 병원의 간호 실장이 혼자 사는 집으로 피신한 적도 있다. 그뿐 아니라 오빠나 언니 댁으로 옮겨 다니며 부담을 덜어주기도 했다. 지금은 하나는 마흔세 살, 그리고 마흔을 바라보는 자녀지만 여전히 그들은 단순한 가족 그 이상을 넘어 내 삶의 이유요, 존재 자체이다. 평생을 살아오는 동안의 원동력으로 그녀들의 존재만으로도 내 삶은 빛났고, 그 빛은 세월이 가고 있지만 내 마음속에서 날이 갈수록 행복이라는 이름으로 밝아져만 간다.

"사랑한다, 국보 1호 민혜야!"
"사랑해, 보물 1호 화비야!"

다음은, 첫째 딸 민혜의 편지다.

울 엄마는 끈기 있다.
울 엄마는 현명하다.
울 엄마는 사랑이다.
엄마는 언제나 사랑이 선택이란 걸 누구보다 평소에 행동으로 몸소 보여주신 분이시다.

어릴 땐 무관심이라고 생각했으나 딸들을 배려하는 모습이었다는 걸 늦게서야 깨달았다. 엄마는 항상 긍정적인 생각으로 집안을 이끄셨으며, 우리에겐 늘 칭찬을 아끼지 않던 분이셨다. 한때는 엄마의 그런 말들이 마음에 없는 소리라고 오해하던 시절도 있었지만, 정말 더할 수 없는 사랑을 받고 자랐다는 걸 뒤늦게 사회에 나와서야 깨달았다.

엄마의 사랑은 말뿐 아니라 평상시의 모습에 배어 있었고, 고스란히 나에게 스며들었다.
모든 것들이 자양분이 되어 지금의 내 삶이 되었다.

덕분에 세상이 아름답고,
나 또한 엄마와 같은 삶을 살아감 속에서
행복을 느낀다.

내게 진정한 자유를 주시고 사랑을 가르쳐 주신 분,
수많은 선행의 희생과 눈물을 나는 기억하고 있다.

그 기억들을 되새기면서
엄마 닮은 삶을 살아가고 싶다.

감사하고 사랑해요~ 엄마.

다음은 둘째 딸 회비의 편지다.

엄마는 정도를 걷는 분이시다.
항상 바르게 사시면서 주변을 밝게 빛내는 등불 같은 분이다.

어릴 적, 엄마는 단 한 번도 본인의 개인적인 일 때문에 우리
에게
화를 내거나 버럭 소리를 지르지 않았다.
'나도 그런 엄마가 될 수 있을까?'

그런 탓에 때론 어렵기도 하였고, 한편 멋지기도 하였다.

아마도, 화내지 않는 엄마에 대한 동경심 때문인 것 같다.

한번은, 앨빈 토플러의 "부의 미래"를 읽던 엄마가 대단해 보였다.

사실은 우리에게 책 읽는 습관을 들여보고 싶어서였다고 후일 말씀하셨다.

그러고 보니 한 번도 공부하라고 하신 적이 없었다.

주입식 교육보다는,

항상 스스로 알아서 하게끔 무던히 본을 보이신 엄마다.

어릴 적 책을 안 읽고 지냈지만

나이 들면서 뒤늦게 책을 접하게 되었다.

그리고 뒤늦게 책을 읽어 볼 수 있는 것은 아마도 엄마의 영향이리라.

오늘도 아픈 몸을 이끌고도 변함없이 밝은 모습으로 하루를 여는,

엄마,

엄마,

사랑하는 우리 엄마,

용돈 많이 드릴 테니 건강만 하시길.

보물 1호, 둘째가.

만학의 길

공부하는 순간, 나는 자신이 여전히 미래를 꿈꾸고 있다는 사실을 느낀다. 한편으로 그 순간만큼은 암이라는 현실에서 벗어나 미래의 가능성 속으로 걸어 들어가는 나를 보게 된다. 책을 읽으며, 강의를 들으며, 새로운 것을 배울 때마다 나 자신이 여전히 살아있음을 느낀다. 그리고 척박한 인생의 굽이와 뒤안길을 되돌아보게 되며 그간의 발자국을 일기 삼아 기록한다.

행복이 어디로부터 왔는가?
꽃향기처럼 하늘하늘 날아와
숨 가쁘게 달려온 내 어깨 위에 깃드는 것을….

매주 강의가 시작되는 월요일마다 반복된다. 월요일 오후 2시. 나는 창밖으로 해가 뉘엿뉘엿 서산을 향해 기울려는 무렵이면 늘 가방을 챙겨 메고 고려대 라이시움으로 향한다. 노을이 시작될 3시나 4시쯤이면 강의실에 도착한다. 수업 전 식사 겸 때로는 김밥으로 저녁 끼니를 때우기도 하지만 도란도란 둘러앉아 얘기 나누는 이 또한 추억이리라. 어린 시절로 돌아간 듯 나는 잠시 나이를 잊는다. 동기들과 재잘거림 속에 나누는 일상의 소소한 이야기부터 삶의 잔 때가 묻어나는 경험들, 그리고 배우는 수업지식에 이르기까지 단순히 잡담들에 그치지 않고 서로의 필요를 채워주는 소중한 시간이다. 배운 것들이 하나둘 이해가 되고, 나의 욕구도 충족되어 가지만 내 삶의 지식들을 누군가에게 전달해 줄 수 있다는 희망을 고려대 라이시움의 둥지 속에서 매주 월요일마다 싹틔워 간다.

젊은 날 넘긴 페이지에
채우지 못한 빈칸,

내 마음
늦게 피어나 배움의 향기 더 깊다.

흐르는 시간 속에

내일이 기다려지는 것은,

한밤을 밝혀도 꺼지지 않는
내 안의 등불 때문이다.
하나님이 주신 사랑의 빛 때문이다.
– 이 지현

만학의 나이에도 학업의 길을 걷게 하시고, 지금까지 나의 생명
과 삶을 이끌어 주신 주님께 감사를 드린다. 호흡이 있는 것도 감
사, 따스한 봄날을 주심도 감사, 한 학기 동안 고려대의 좋은 교우
들과 벗하게 하심도 감사, 감사하다. 험하고 먼 길을 달려오듯 오
십과 육십을 넘어 칠순을 바라보는 오늘이지만 내가 가는 길에 늘
동행하시고 함께하신 하나님께 감사를 드린다.

고려대 라이시움 강의실에서.

2024. 11.

CHAPTER 10

삶의 진정한 가치를
탐구하는
인생의 오후

사업을 하면서 매번 하나의 건축물을 완성해 갈 때마다
건축이 사회와 자연 속에서 조화를 이루며
아름답게 존재해 가는 것을 본다.
마찬가지로 인생에서도 나눔과 봉사를 통해
더 조화롭고 더 빛나는 하나의 예술 작품과 같은 삶을 창조해 가고자 한다.

이 치 연

Mobile 010-3895-1319
cafe.daum.net/bspseoul

학력 및 경력사항

• 고려대명강사최고위과정 20기 봉사회장
• 전)태양서점 대표
• 현)영동인테리어 대표
• 영동종합건축 대표
• 법성포 항우(동문)회장
• 잠실 레이크팰리스 동대표 회장

자격 사항

• 명강의명강사 1급
• 리더십지도사 1급
• 스피치지도사 1급
• 인성지도사 1급
• 부모교육상담사 1급
• 평생교육 강사 1급
• 기업교육 강사 1급
• 노인교육강사 1급
• 국토부 인테리어 자격

수상 내역

• 송파구 봉사상 표창(어르신복지기여자)

저서

• 화보로 보는 법성항지(공저)
• 고려대 명강사 25시(공저): 삶의 진정한 가치를 탐구하는 인생의 오후

고향

    내가 태어난 고향은 전라남도 영광군 법성면이다. 서해안 고속도로를 타고 영광 톨게이트를 조금 지나 위치한 전형적인 자연환경의 어촌 마을이다. 유명한 영광굴비의 원산지인 법성면으로 들어서면 예로부터 천연적 풍광이 수려하고 천혜의 항구 조건을 갖추고 있는 법성포구를 접할 수 있다. 면 내에는 대한민국 10대 축제로 선정된 바 있는 법성포단오제와 백제불교 최초 도래지, 숲쟁이 꽃동산 등 관광명소로도 잘 알려진 곳들이 있다.

    소재지에서 자동차를 타고 몇 킬로 더 들어가면 고향의 시골 전경이 나지막한 잔등을 따라 펼쳐진다. 길은 예전보다 조금 더 반듯해져 있고 어디서 불어오는지 산들바람이 포장된 도로 위에서 나를 반긴다. 내가 태어나고 자란 이 고장은 예나 지금이나 바람조

숲쟁이 꽃동산

차 신선하다. 부모님 품처럼 언제나 아늑함이 변함없다. 명절이나 행사로 인해 행여나 고향 방문 겸 마을 행랑에 내 차가 들어서자면 윗집, 아랫집 어르신들부터 형, 아우들 가림 없이 마중을 나온다. 마을의 이웃이란 이웃들은 죄다 달려 나와 사뭇 얼굴을 비비며 한 정 없이 반기는 것이다. 파아란 하늘과 함께 선물로 준 이 고장 들 녘의 풍취와 바람, 그리고 햇살, 돈으로는 살 수 없는 귀한 보석보 다 값진 이 모든 것을 내준 고향에 감사를 보낸다.

　뜻하지 않게 나는 6년 전부터 고향 지역의 향우회장을 맡고 있 다. 고향이기에 너, 나 잘난 것 없이 서로를 북돋우며, 의지하고 격 려하는 모임이 향우회일 것이다. 따라서 모든 회원들이 자유롭게 소통하고 의견을 나누는 협력과 공감의 장이 되도록 이끌어야 할

사명이 있다. 이에 얼마 전에는 우리 지역을 널리 알리고 회원 상호 간에 서로 잊지 말고 우의를 돈독히 하자는 차원에서 지역 소개집을 발간하였다. 우리 지역의 역사와 소식들을 총망라한 "법성향지"를 제작하여 임원과 회원들에게 배포한 것이다. 뉴스레터로서의 기능은 물론 연락처도 수록함으로써 소식을 서로 공유하고 소통을 증진할 수 있게 하였다. 다양한 배경을 가진 회원들이 함께 각자의 경험과 자원을 바탕으로 서로를 지원하며, 지역 내 다른 단체나 기관과의 협력을 통해 보다 발전하는 법성 건설을 위해 우리는 모두 마음을 아끼지 않는다. 정기 모임에는 면에서 진행 중인 사회봉사 활동이나 지역 발전을 위한 제언에도 먼 길을 마다하지 않고 적극 참여하고 있다.

전국 각지에서 서로가 성장하도록 돕는 마음의 근원에는 고향이라는 뿌리가 있기 때문이다. 그러기에 함께 참여하는 문화 행사나 봉사 활동은 지역의 정체성을 강화하면서 지역의 후배들에게 선배들의 유용한 전통을 물려주기 위한 노력들이 되어야 한다. 단순히 친목 도모에 그치지 않고, 지역의 자원과 문화를 지키고 보존하는 것에도 관심을 기울여야 한다. 지역 향우들의 유대가 강화되고 고향이 발전하는 것은 무엇보다 내가 자라면서 고향으로부터 받은 모든 것에 대한 보답이요, 가장 값진 자세이다. 앞으로도 남은 임기 동안의 주어진 책무에 최선을 다할 것이다. 모든 회원들이 자부심을 느끼고 활동할 수 있는 지역 공간의 터전이 될 수 있도록 힘을 다할 것이다.

숲쟁이 꽃동산

건축사론

건축은 단순한 구조물 이상의 의미를 담고 있다. 이는 인간의 욕구와 감정을 반영하는 한 편의 예술이며, 사람들의 삶의 공간을 창조하는 과정으로 그들의 행복과 삶의 가치를 담는 틀이라 생각된다. 인생 역시 마찬가지다. 한 사람의 인생은 그가 쌓아온 시간, 경험, 그리고 인연들로 만들어진 일종의 '건축물'이라 할 수 있다. 그 안에는 기초부터 차곡차곡 쌓아 올린 순간들이 있고, 튼튼한 구조와 연결을 통해 다른 사람과의 관계를 형성한다. 그리고 그 과정을 거쳐 마침내 삶을 완성하는 것은 나눔이라고 나는 생각한다. 나눔은 개개인의 인생을 더욱 풍요롭고 깊이 있게 만들어주며, 함께하는 이들과 이웃의 삶에 진정한 의미를 부여한다.

건축과 인생은 둘 다 비슷한 점까지 있다. 건축도 그렇지만 인생도 성장의 토대를 구축하는 것에서 시작된다. 건축에서 기초 공사가 중요하듯 인생도 초석이 되는 교육이나 가치관, 그리고 경험들이 중요하다. 잘못된 기초 위에 세워지면 무너지기 쉽듯이 불안정한 기반이 아닌 단단하고 튼튼한 기반에 기초해야 한다. 그러기에 인생의 초석은 부모의 사랑과 교육으로부터 시작되어 각종 사회적 경험을 통해 비롯된다. 그로 인해 각자가 어떻게 자아를 형성하고 발전해 나가는지가 생의 중반과 후반에 큰 영향을 미친다. 예를 들어 건축가가 건물의 공간을 구성할 때마다 각 공간들을 어떤 목적으로 활용할지, 어떤 느낌으로 인테리어를 할지 고민하듯이 우리의 삶 역시 각자의 경험과 선택을 통해 자신만의 공간을 만들어 나간다.

건축 1

건축물이 시간이 지남에 따라 건물 외벽은 바람과 비에 노출되어 색이 바래듯 인생도 많은 잔상들을 남기게 된다. 누군가는 자신이 살아온 선택과 경험을 통해 끊임없이 변화하고 성장하며 누군가는 상처나 아픔을 극복해 내며 새로운 모습들을 창조해 간다. 이러한 변화의 과정은 삶의 진정한 의미들을 깨달아 가면서 보다 성숙한 인간으로 완성되어 감을 말한다.

　인생의 건축이 어느 정도 완성되면, 그다음 단계는 나눔의 영역이다. 자신에게만 국한되었던 삶이 외부와 연결될 때 우리 삶은 더 큰 의미를 가지게 된다. 건축이 그 지역사회와 사람들에게 보금자리와 함께 쉼의 유익을 제공하듯이 한 개인의 삶도 타인과의 나눔

에 따라 더욱 풍요로워진다. 인생에서의 나눔이란 한마디로 단순한 물질적 베풂을 넘어, 우리의 시간, 경험, 그리고 지식이 타인과 공유되며 서로의 삶에 긍정적인 영향으로 연결되는 것이다. 따라서 건축과 마찬가지로 서로의 삶을 지지하고 공유하는 것은 공동의 공간을 창조하는 것과 같고 우리의 마음을 더 넓고 깊게 만들 뿐 아니라 자신의 존재 가치를 더욱 명확히 깨닫게 해준다.

사업을 하면서 매번 하나의 건축물을 완성해 갈 때마다 건축이 사회와 자연 속에서 조화를 이루며 아름답게 존재해 가는 것을 본다. 마찬가지로 인생에서도 나눔과 봉사를 통해 더 조화롭고 더 빛나는 하나의 예술 작품과 같은 삶을 창조해 가고자 한다.

사는 이야기

잠실 나루

팔랑팔랑 바람이 부는 늦가을 오후다. 집을 나와 가볍게 걷기 운동을 마치고 커피숍에 자리를 잡았다. 창밖으로는 우리 아파트 근처의 롯데 타워가 저만치 보이고 잠실 호수 옆 분수대에서는 때아닌 물이 솟구쳐 오르고 있다. 휴일을 즐기려는 연인들의 발걸음은 가을의 선선함만큼이나 가벼워 보인다. 이글이글 타오르던 보도블록의 뜨거운 열기가 피어오르던 여름이 엊그제 같은데 벌써 가을의 낙엽들이 바람을 타고 나뒹굴고 있다. 바람을 따라 너울너울 노오란 은행잎들도 파도를 친다.

피아노 선율이 잔잔한 커피숍에서 음악 소리에 더한 은은한 분위기를 즐기며 나는 책을 펴 읽는다. 고려대명강사최고위과정을 다니면서 오랫동안 떨어져 있던 책을 다시 접하게 되었다. 예전에 읽던 건축 분야 서적의 한계를 넘어 공저에 넣을 자서전을 생각하며 에세이와 수필집을 읽자니 괜스레 감성조차 풍부해지는 시간이다. 한참 읽던 책을 덮고 커피숍을 나와 다시 공원 어귀로 들어섰다. 길섶으로 나란히 늘어선 은행나무는 내 나이만큼 노랗게 물들어 참 보기 좋은데 열매만큼은 애초부터 고얀 것이 짐짓 곤혹스럽다. 삶도 마찬가지일런가?

삶이란, 마치 자연의 이치처럼 돌고 도는 희로애락의 쳇바퀴와 같다. 지나온 시간을 돌아보니 때론 좋은 일도 있고 화나는 일도 있고, 기쁜 일과 슬픈 일이 있지만 큰 시련이 주어지기도 한다. 40대에 건강에 심한 적신호가 켜진 적이 있다. 건강만큼은 자부하였지만 간 지병을 선고받은 이후부터는 앞으로의 내 인생은 내 것이 아닌 덤이라는 생각이 들었다. 하나의 고개를 넘으면 더 큰 고개가 눈앞에 펼쳐질 때가 있고, 도저히 견디지 못할 만큼의 시련이 온다 싶으면 어찌어찌 넘기기도 한다. 시간이 지나고 나면 언제 그랬냐는 듯 맑은 하늘을 되찾듯이 나의 건강도 지금은 서서히 회복 중이다. 그 바람에 술이나 담배는 거리를 둔 지 오래되었다. 공원을 돌아 탄천 인근 둘레길에 들어서니 언제나 그렇듯 제법 가을 색을 갖춘 광경이 예쁘다. 벌써 긴 옷을 꺼내 입은 사람들도 눈에 뜨인다. 천변 가로수의 나무들도 마치 겨울 채비에 나서는 듯 머리에 이고 있던 잎들을 하나하나 떨어내고 만다. 늦가을쯤이면 마음을 따뜻하게 해주는 곳, 심신이 지칠 때마다 찾는 곳으로 나만의 휴식처다. 이 천변의 풀 한 포기, 돌멩이 하나가 정겹게 인사를 하고 풀잎 위에 노래 부르듯 돌돌돌 물이 흐르는 개울가가 있는 탄천은 나와 자연과 쉼이 하나 되는 곳이다. 가끔 이곳에서 가족과 함께하자면 내 인생 후반을 위한 행복과 기다림을 배우기도 한다. 무질서하게 보이는 듯하였지만 지나고 보니 내가 살아왔던 달음박질들은 모든 걸음이 꼭 있어야 할 자리에 있었다는 느낌이다.

나눔, 봉사 그리고 새로움을 향한 도전

얼마 전 고려대명강사최고위과정에 20기로 입교하였다. 이 과정은 강의와 발표 역량을 전문적으로 개발하고자 하는 분들을 위한 과정이다. 대학 강의나 기업 연수, 대중 강연 등 다양한 분야에서 명강사로 활동하기 위한 분들이 전문 역량을 체계적으로 배양하는 프로그램이라 본다. 고려대학교가 제공하는 여러 교육 과정 중에서도 강의 실무와 연설 스킬에 특화된 교육프로그램이라 할 수 있다. 다음 달 12월 말이면 이 과정을 마치게 된다. 일상의 바쁜 사업 일정에도 시간을 어렵게 내어 본 과정에 등록한 것은 단지 강의에 국한하지 않고 삶을 보다 다양한 관점과 시선에서 바라볼 수 있는 기회가 될 것이라 여겨졌기 때문이다. 이 과정에는 다양한 주제와 방면에 경험을 가진 여러 지역의 전문성을 겸비한 교육생들이 참여하고 있다. 그들과 아울러 삶의 경험과 지혜를 서로 수용하고 수렴해 가면서 교육 후라도 따뜻한 차 한잔 나눌 수 있다면 이 또한 행복한 일이 아닐 수 없다.

늘 사업 일정 등으로 시간이 빠듯하지만 짬을 내어 가을 하늘의 뭉게구름이 둥둥 떠다니는 것을 바라보며 학교로 향한다. 나의 내일도 시간의 흐름을 따라 저 멀리 흘러갈 것이지만 남은 시간만큼은 어제보다 소중히 해가고 싶은 생각이다. 마치 봄에는 연초록이 순을 내고, 여름엔 짙푸른 녹색을 자랑하다가, 가을엔 기온 변화에 따라 자신을 단풍 색깔로 변화시키는 나무처럼 내 삶도 계절을 따라 흐르고 마침내 함박웃음을 지을 것이다.

고려대명강사최고위과정에 대해 지면을 빌려 간략히 소개하자면, 주요 커리큘럼으로는 강의 기획 및 구성, 청중 분석과 소통 기법, 설득력 있는 메시지 전달 방식, 발표력 향상을 훈련으로 되어 있다. 비언어적 커뮤니케이션, 최신 교육 기법 등 강의에 필요한 전반적인 기술과 지식을 전달받을 수 있다. 강의를 직접 설계하고 발표하는 실습 과정도 포함되어 있어, 강사로서의 역량을 실제로 연마해 볼 수 있는 기회가 제공된다.

따라서 이 과정을 수료하게 되면 강사로서의 기본 역량을 충분히 갖췄음을 의미하며, 고려대학교의 공식 인증을 받게 되는 것이다. 이는 전문 강사로서의 입지를 다지거나 경력을 더욱 발전시키기 위한 중요한 자격이다. 수료 후에는 과정에서 함께한 동료 및 관련 전문가들과 네트워크를 통해 강사나 발표 전문가로서 성장

할 수 있다. 함께 지속적인 성장과 협력을 이어갈 수 있는 기회를
바라는 분들이라면 이 과정에 대한 경험자로서 꼭 추천하고 싶다.

내일을 생각하며

철학자 마르틴 하이데거는 '존재에의 물음'을 통해 인간은 누구나 한 번쯤 "나는 누구인가?", "나는 무엇을 위해 존재하는가?"라는 실존적 질문을 던진다고 한다. 인생의 후반기에 접어들면서 개인은 특히 자아 탐구를 넘어서 재정립에 나서게 된다. 단순히 자신의 성격이나 성취를 되돌아보며 인생을 반추하게 되며, 존재론적 질문에 대한 사색을 다시금 시작하게 한다. 이를 계기로 자신의 유한성을 수용하고, 새로운 자기 이해와 존재의 의미를 재발견해 가게 된다. 가만히 생각해 보면 인생의 중년기에 만나는 선물이 아닐 수 없다.

인생의 전반기가 외적 성취와 지위를 쌓는 시기라면, 후반기는 이를 창조적으로 변용하여 지속 가능한 성취와 자기표현의 의미를 새롭게 정의해가는 과정이다. '존재'를 중심으로 하는 삶이 '소유' 중심의 삶보다 인간적이며 충만한 상태라는 걸 깨닫는다. 중년의 시기에 건강을 잃고서 비로소 자신을 더 깊이 바라보던 때가 있었다. 이와 같이 인생 2막에서는 이러한 철학적 관점에서도 내적 충족감을 얻을 수 있으며, 삶의 방식을 재구성할 수 있다. 나에게도 많은 변화가 있었다. 이전의 다양한 욕구들보다 취미와 등산 활동 등에도 관심이 갈 뿐만 아니라 쉼과 휴식에도 관심이 짙어졌다.

정리하면, 60대는 "인생의 오후"로 비유할 수 있다. 분주했던 젊은 시절을 빗겨나 잠시 쉼 속에서 인생을 깊이 성찰하고 내일을 준비할 수 있는 중요한 시기이다. 젊은 날의 경험과 성취, 그리고 중년기의 성숙이 어우러져 삶의 진정한 가치를 탐구하게 된다. 내일이 무한하지 않기에 매일의 순간이 축복이라는 사실을 인식하며 단 하루라도 진정으로 살아 있는 경험을 만들어가는 것이 중요하다. 가족, 친구를 소중히 여김으로써 자녀와의 대화, 배우자와의 공감, 친구들과의 교류 속에서 삶의 의미와 기쁨을 발견해 간다면 한결 풍요로운 내일이 되리라 생각한다. 나 혼자가 아니라, 곁에 있는 사람들과 함께 나누며, 배우며, 맑고 젊은 영혼의 열망을 잃지 말고, 내가 가장 잘할 수 있는 방식으로 세상에 깊고도 의미 있는 발자국을 남겨 가보자.

CHAPTER 11

떠남과 발견의 기쁨

삶은 끊임없는 선택과 배움의 연속이며,

그 과정에서 성장과 변화를 경험하게 됩니다.

프리드리히 니체는 "살아있는 자에게는 목적이 필요하다."고 했듯이,

삶의 의미는 스스로 찾는 것입니다.

결국, 삶은 고난과 기쁨이 공존하는 여정으로,

그 안에서 자신만의 길을 찾아가는 과정입니다.

장선옥

Mobile 010-6236-6643
Email jebisong@hanmail.net

학력 및 경력사항

- 고려대명강사최고위과정 20기 공저회장
- 대진대학교 문학사 학위
- 대진대학교 법무행정대학원 최고경영자총동문회 편집국장
- 신한대학교 최고경영자총동문회 사무차장
- 현)포천시 지속가능발전협의회 운영위원
- 현)법무부 청소년범죄예방위원회 포천지구
- 현)사단법인 한국문인협회 포천시지부 부지부장
- 현)사단법인 한국문인협회 시분과 회원
- 현)포천시 사회복지사협회
- 현)포천시 사진작가협회
- 현)대한민국전몰군경미망인회 포천지회 사무국장

수상 내역

- 국회의원표창장, 포천시장상, 포천문학공로상,
한국작가신인상, 사)한국예총경기도연합회 표창 등 다수

저서

- 고려대 명강사 25시(공저): 떠남과 발견의 기쁨
- 포천문학 20호~26호(공저)

강의 분야

- 기후환경, 노인대상, 평생교육,
청소년 대상

자격 사항

- 사회복지사(보건복지부)
- 평생교육사(교육부)
- 기후강사(포천시)
- 독서지도사 1급
- 독서상담사 1급
- 노인건강 지도사 1급
- 청소년 생활지도사 1급
- 스피치지도사 1급
- 부모교육상담사 1급
- 명강의명강사 1급

나는 아직 외롭다

산이 좋아 산에 오르고, 여행이 좋아 길을 떠난다. 사람들과의 만남에서 의미를 찾으며 산과 여행을 즐겼지만, 마음 한편에는 여전히 채워지지 않는 공허함이 남아 있다.

여행의 즐거움은 단순히 새로운 장소를 방문하는 것을 넘어선다. 낯선 풍경 속으로 들어설 때 일상의 무게에서 벗어나 새로운 자극으로 가득 찬 순간을 마주하게 된다. 처음 여행지에서 맡는 공기의 향기와 낯선 소리는 마음속 깊이 새겨져 일상에서는 얻기 어려운 특별함을 선사한다.

여행은 경험을 확장시켜 주는 큰 기쁨이다. 여행지에서 만나는 사람들과 그들의 문화, 각기 다른 자연환경은 우리 시야를 넓히고 세상을 더 깊이 이해하도록 도와준다. 익숙하지 않은 언어와 예절,

현지의 생활 방식을 배우며 느끼는 불편함은 오히려 성장과 깨달음으로 이어진다.

또한 여행은 자기 자신을 재발견하는 기회이기도 하다. 평소에 시도하지 않았던 음식을 맛보거나, 절벽 위에서 펼쳐진 탁 트인 전망을 보며 두려움을 극복하는 자신을 발견하기도 한다. 이런 작은 도전들은 내면의 한계를 시험하고, 몰랐던 자신감과 가능성을 깨닫게 해 준다.

여행을 통해 새로움을 경험하고 배움을 얻어가지만, 내 안의 외로움은 여전히 남아 있다. 그러나 이런 시간들이 쌓여 나를 채워가고 있고, 언젠가는 이 공허함도 채워질 거라 믿는다.

그리고 여행은 소중한 기억과 추억을 남겨 준다. 좋아하는 사람들과 함께한 웃음 가득한 순간들, 사진 속 풍경과 미소는 오랫동안 마음속에 남아 두고두고 꺼내볼 수 있는 행복한 보물이 된다. 이렇듯 여행의 즐거움은 단순히 그 순간을 넘어서 우리의 삶 전체에 생기를 불어넣고, 다시 일상으로 돌아가 새롭게 시작할 수 있는 원동력을 선사한다.

여행이 주는 무한한 기쁨과 배움이야말로 우리를 다시 길 위로 이끄는 이유가 아닐까? 마음속에 떠오르는 다음 여행지를 떠올리며 설렘을 가득 안고 준비하는 과정조차 또 다른 즐거움으로 다가온다.

한때는 미친 듯이 산을 오르고 여행을 다녔다. 그러나 코로나 팬

데믹으로 인해 여행은 중단되었고, 예전의 무릎 부상 탓에 산행도 멈췄다. 그 이후에는 사람들과의 만남을 위해 각 대학의 최고위 과정을 거치며 새로운 인연들을 이어갔다.

많은 사람을 만났지만, 여전히 내 안에는 외로움이 남아 있다. 아직 가보지 못한 곳, 꼭 가보고 싶은 곳이 많지만, 몸이 따라주지 않는 현실이 아쉬울 뿐이다. 지금까지 미친 듯이 산행과 여행을 다녀오며 남긴 감상과 기록을 많은 이들과 나누고 싶다. 이 보잘것없는 글이 한 명이라도 더 많은 이들에게 작은 위로와 영감이 되기를 바란다.

신비로운 자연의 모습, 장가계(張家界)

2009년 8월 22일, 전날 행사로 잠을 설친 채 새벽부터 시작된 3박 4일의 여행이 시작되었다. 한 달 전 수술을 받아 여러 번 망설이다가 떠난 여행이라 약간의 걱정이 앞섰다. '과연 별일 없이 무사히 여행을 마칠 수 있을까?' 하는 마음이었다.

첫째 날

중국 상하이에 도착하자마자 대한민국 상하이 임시정부 청사를 찾았다. 이곳에 와서 보니 우리의 아픈 역사와 과거가 다시금 떠올랐다. 청사에 들어서자, 조선족으로 보이는 안내원이 설명을 해 주었으나, 어딘지 모르게 그들의 표정은 무거웠다. 우리를 맞이하는 것은 당시의 회의실, 태극기, 김구 선생의 집무실과 침실, 부엌 등이었다. 전·현직 대통령들이 방문해 남긴 서명과 휘호도 볼 수 있었다. 다음으로는 윤봉길 의사의 의거 현장인 홍커우 공원을 방문했다. 이곳은 "자주적이고 독립적인 튼튼한 나라, 대한민국"을 외쳤던 그 의거의 순간이 서려 있는 역사적인 장소다.

두 곳의 일정을 마친 후, 우리는 다시 상하이 푸둥 공항에서 장가계로 향하는 비행기에 올랐다. 장가계는 중국 후난성 남부에 위치한 중국 국립공원으로, 인천에서 상하이까지 약 2시간이 걸리고, 다시 상하이에서 장가계까지 2시간을 비행기로 이동해야 하는 곳이다. 현지 시각은 우리보다 한 시간이 늦다. 날씨는 한국의 여름과 비슷했지만, 더 덥고 습한 편이었다. 음식은 현지식과 한국식이 모두 준비되어 있어 먹을 만했다.

둘째 날

오늘의 일정은 장씨의 마을이라는 뜻을 가진 장가계(장가계는 토가족이라는 소수 민족이 사는 지역으로, 예전에는 산적이 많았던 곳이라고 가이드가 설명해 주었다)의 원가계와 천자산 관광이다. 그전에 동인당이라는 중국의 유명한 한의원을 들러 진맥을 받아보았지만, 결과는 예상대로 별다른 차이는 없었다.

이어서 보봉호 폭포를 지나 보봉호수로 올라가는 입구에 도착했다. 그곳에서는 가마꾼들이 손님을 유치하기 위해 호객 행위를 하고 있었다. 평소 몸이 불편한 나로서는 가마를 타고 오르기로 했다. 가마를 타고 올라가는 동안에도 가마꾼들은 "할머니, 너무 뚱뚱해요!" "나 너무 힘들어요!" "우리 팀 만 원, 이만 원!" 하며 계속해서 말을 건넸다. 약간 안쓰럽기도 했지만, 지나치게 편안하지 않은 말투에 심기가 불편해 팁으로 삼천 원만 주었다.

보봉호수는 호남성 장가계 내 해발 550m에 위치한 인공호수로, 댐을 쌓아 만든 호수라고 한다. 길이는 2.5km, 수심은 75~120m 정도로 꽤 깊다. 높은 산 위에 이렇게 큰 호수가 있다는 점이 인상적이었다. 우리는 배를 타고 호수를 한 바퀴 도는 코스를 택해 관광을 즐겼다. 토가족 원주민 처녀의 맑은 노랫소리, 두꺼비 모양의 바위, 선녀 모양의 바위 등을 가이드의 설명과 함께 감상했고, 일행들이 부르는 노래를 들으며 약 30분간 호수를 돌아보았다. 호수 관광을 마치고 나서 토가족 원주민 처녀와 사진 한 장을 찍었는데, 물론 여기에도 천 원의 팁이 들었다.

다음으로 이동한 곳은 자연과 인공이 어우러져 만들어진 보봉폭포였다. 웅장한 폭포의 모습을 감상한 후, 우리는 5.8km에 걸쳐 있는 좁고 긴 협곡인 십 리 화랑을 보기 위해 모노레일을 탔다. 이곳은 수석 전시장과도 같아, 십 리에 걸쳐 산수화처럼 펼쳐진 아름다운 절경 때문에 '십 리 화랑'이라는 이름이 붙여졌다고 한다.

다음 코스는 원가계였다. 우리는 케이블카를 타고 이동했는데, 케이블카가 기암절벽 사이를 지나며 급상승하는 순간마다 아찔한 긴장감이 느껴졌다. 천자산 정상으로 가는 길목에서 바라본 풍경은 수천 개의 봉우리가 바다를 이루는 듯한 장관을 펼쳐 보였다. 케이블카 아래로는 수천 미터의 낭떠러지가 펼쳐져 있고, 케이블카를 지탱하는 지지대와 바위틈 사이에 자라난 나무와 풀들이 스쳐 지나갔다. 현기증이 날 만큼 가파른 바위틈을 지나 마침내 정상에 올랐다.

우리는 다음으로 중국 10대 원수 중 한 명인 하룡 장군의 동상이 있는 "하룡공원"을 방문했다. 이곳에는 마치 선녀가 꽃을 바치는 모습 같다는 "선녀 헌화" 봉우리가 있으며, 아찔한 절벽을 잇는 다리 "천하제일교"가 있었다. 절벽과 절벽 사이에 놓인 이 다리는 하늘 아래 첫 번째 다리로 불리며, 아래를 내려다보면 숨이 막힐 정도로 장엄하다. 그리고 아름다운 절경으로 유명한 "미혼대"에 다다르니 수백 개의 봉우리와 기암절벽이 마치 한 폭의 동양화를 연상시킬 만큼 불규칙하면서도 장관을 이루고 있었다.

다음으로 우리는 세계에서 가장 높은 관광용 전망 엘리베이터인 백룡 엘리베이터를 탔다. 이 엘리베이터는 335m 높이의 절벽에 설치되어 있으며, 절반은 외부가 보이고 절반은 바위 속을 뚫어서 만들어진 독특한 구조다. 맨 꼭대기에서 아래로 내려오는 데 2분 정도밖에 걸리지 않으며, 1초에 3미터씩 순식간에 내려왔다.

산 아래로 내려와 금편계곡을 걸으니, 그 자태가 너무나 아름다워 "신선들의 계곡"이라 불릴 만했다. 맑은 공기와 시원한 물줄기를 따라 걷는 것만으로도 행복이 느껴졌다. 천자산의 일정을 마치며 우리는 이곳에서 단체 사진을 남겼다.

　간단히 샤워를 마치고 저녁 식사를 했다. 저녁 후 오늘 일정의 마지막인 발 마사지를 받으러 갔다. 마사지사와 인사를 나누고 "워 지아오 장산위, 워 쉬 한구어런"이라는 중국어로 짧은 대화도 나누었다.

　오늘 마지막 일정에는 우리 일행 중 정태순 님의 생일 축하가 준비되어 있었다. 정태순 님도 몰랐던 깜짝 이벤트로, 커다란 케이크와 함께 일행들이 생일 축하 노래를 부르며 축하해주었다.

셋째 날

　오늘도 아침 일찍부터 관광이 시작되었다. 첫 번째 목적지는 황룡동굴이었다. 동굴 입구로 가는 길목에는 커다란 물레방아가 우리를 반겼다. 세계에서 두 번째로 큰 종유동굴인 황룡동굴에 들어서자, 바깥의 더위와는 달리 시원한 공기가 느껴졌다. 동굴의 길이는 약 15km에 달하고, 수직 고도는 100m에 이르며, 지상 4층으로 이루어진 거대한 규모의 동굴이다. 그야말로 끝없이 이어진 미로 같은 구조와 웅장한 모습이 압도적이었다.

　동굴 곳곳에는 다양한 모양의 석순, 석주, 종유석이 엄청나게 많이 형성되어 있었다. 그중에서 가장 오래된 석순은 20만 년이 넘었다고 한다. 종유석이 1cm 자라기까지 100년이 걸린다니, 1년에 겨우 0.1mm씩 자라는 셈이다. 이곳의 석순과 종유석은 조명으로 더욱 신비롭게 빛났다. 석순과 종유석이 만나려면 아주 오랜 시간이 필요한데, 반대로 죽어 영원히 만날 수 없는 석순과 종유석도 있어 마치 한국의 견우와 직녀를 떠올리게 했다.

동굴 관광 후, 진주 가게에서 쇼핑을 마치고 우리는 천문산으로 이동하여 세계에서 가장 긴 케이블카를 탔다. 정말 엄청난 길이와 규모를 자랑하는 케이블카였다. 장가계 시내에서 1,500m 높이에 위치한 전망대까지 이어지는 세계 최장 거리의 케이블카로, 총길이가 7.45km에 달하고 편도로만 40여 분이 소요될 정도였다. 케이블카를 타고 올라가는 동안 펼쳐진 주변 경치는 그야말로 장관이었다. 산을 배경으로 빨래를 하는 아낙의 모습이 보이기도 하고, 케이블카는 시내와 마을 한복판을 지나갔다.

만약 우리나라에서 이런 일이 벌어진다면, 매일 집 지붕 위로 관광객을 태운 케이블카가 지나가는 상황은 상상하기 어려울 것이다. 아마도 많은 사람들이 촛불을 켜고 거리로 나와 반대했을지도 모른다. 하지만 중국은 공화국 체제이기에 이런 케이블카 설치가 가능하다고 한다.

험준한 산세 속에 세워진 케이블카를 타고 오르면서 그 웅장함에 압도당하고 말았다. 산 정상이 가까워지자 아흔아홉 굽이의 길, '하늘로 통하는 길'로 불리는 통천대도도 눈에 들어왔다. 수직 절벽에 아슬아슬하게 이어진 길을 보며 '어떻게 이런 길을 만들었을까?' 감탄을 연발했다. 얼마나 "와… 정말 대단하다!"를 외쳤는지 모를 정도다. 그러다 보니 잠시 일행도 잊을 정도였다.

산 정상에서 천문 산사로 가는 길은 스키장의 곤돌라처럼 생긴 리프트로 이동했는데, 리프트에서 내려다보는 산 아래의 장엄한 경치가 그저 감탄스러웠다. 동행한 현 선배님께 중국어로 '반갑습니다'라는 뜻의 인사말, "헌 가오! 씽"도 배우고, 맞은편 리프트의 관광객과 인사를 주고받았다. 그렇게 도착한 천문 산사는 소림사를 떠올리게 하는 웅장한 규모의 사찰로, 중국인이라면 누구나 한번쯤 와보고 싶어 하는 명소라 한다.

하늘 아래 가장 높은 절벽 위에 세워진 이 사찰을 보며 '어떻게 이 높은 곳에 이런 건축물을 지었을까?' 하는 생각에 경탄을 금할 수 없었다. 이곳에서 나는 가족의 이름을 적고, 천 원짜리 한 장으로 소원을 빌며 보시도 드렸다.

다음 코스는 "귀곡잔도"였다. '귀신도 놀란다.'는 뜻답게 하늘에 떠 있는 듯 아찔한 절벽 옆에 놓인 통행로를 따라 걸으며 펼쳐진 절경을 감상했다. 자연의 신비로움과 인간의 위대한 기술에 감탄하면서 한 걸음 한 걸음 절벽 끝을 따라 나아갔다. 때로는 아래를 내려다보며 심장이 떨리기도 했는데, 누군가가 맨손으로 이 길을 만들었다는 사실이 놀랍기만 했다. 해발 1,400미터의 절벽에 앵크를 박고 받침대를 세운 사람들, 암벽등반과 같은 방식으로 이 길을 완성한 이들의 노고가 느껴졌다. 얼마나 많은 사람이 이 길을 만들기 위해 고생하고 희생했을지 생각하니 마음이 숙연해졌다.

드디어 800미터의 긴 여정이 끝나면서, 걸음마다 느꼈던 공포는 이제 소중한 추억으로 자리 잡기 시작했다. '귀신도 놀란다'는 귀곡 잔도의 길을 무사히 걸었다는 뿌듯함은 오래도록 기억에 남을 것이다. 귀곡잔도의 끝 휴게소에 도착하니 전통 복장을 입은 현지인 3명이 우리나라 트로트를 부르고 있었다. 우리는 음악에 흥이 나 덩실덩실 춤을 추며 즐거운 시간을 보냈고, 현지인들에게 팁으로 우리 돈 천 원씩을 건넸다.

다음으로 케이블카를 타고 중간 정류장에서 내려 차량으로 천자문 정상까지 이동했다. 아까 케이블카에서 내려다본 99굽이의 길을 안전띠 없이 오르내리는 버스들의 모습은 그야말로 아슬아슬했다. 이제 천문산 정상까지는 999개의 계단을 올라야 도달할 수 있다. 이 계단을 모두 오르면 1999년 러시아 비행사가 곡예비행으로 통과했던 '천문산의 문'에 닿는다. 아쉽게도 우리 일행은 그 아찔한 등정을 포기했지만, 단 한 분만은 끝까지 오르기로 했다.

이곳 장가계는 우리 돈 천 원짜리 지폐가 통용될 정도로 한국 관광객에게 친숙한 곳이었다. 대부분의 가게에서 물건 가격이 천 원, 조금 비싸면 이천 원 정도로 한국 돈을 그대로 사용할 수 있었다.

장가계에서의 일정이 끝나자, 우리는 다시 상하이로 돌아가기 위해 비행기에 올랐다. 새벽녘에 도착한 후 호텔에서 짐을 풀고 나니, 하루 종일 이어진 여정에 지친 나 자신이 대견하게 느껴졌다. 그렇게 3박 4일의 여행 마지막 밤을 아쉬움 속에 보냈다.

넷째 날 아침, 다시 마주한 상하이의 아침 공기가 상쾌했다. 며칠간 이어진 빡빡한 일정 탓에 피로가 쌓여 조금 늦게 일어났고, 그 때문에 많은 사람을 기다리게 해서 미안한 마음으로 버스에 올랐다.

오늘은 여행의 마지막 코스로, 중국 4대 정원 중 하나로 손꼽히는 예원에 방문했다. 이곳은 명나라 관료였던 판윈단이 부모를 기쁘게 하기 위해 공사를 시작해 18년에 걸쳐 완성한 정원이다. 예원 안에는 크고 작은 연못들이 여럿 자리하고 있어 중국의 발달된 정원 문화를 엿볼 수 있었다. 고즈넉한 분위기 속에서 예원의 아름다움을 감상한 후, 우리는 상하이 옛 거리로 이동했다. 한국의 남대문시장과 비슷한 느낌의 거리에서 상하이의 전통을 느낄 수 있었다. 그 외에도 찻집과 실크 공장을 둘러보며 이곳저곳을 탐방하며 여행을 마무리했다.

3박 4일간의 여행을 돌아보니, 첫날의 설렘으로 시작해 마지막 날의 아쉬움으로 끝난 바쁘고도 의미 있는 여정이었다. 중국의 웅장한 자연과 문화유산은 보는 이로 하여금 감탄사를 연발하게 만들었고, 장가계의 비경은 '와, 정말 대단하다'는 감탄이 절로 나올 만큼 신비로웠다. 그래서인지 장가계는 '신선 관광' 또는 '와와 관광'으로도 불린다니, 그 말이 정말 실감 났다.

이곳 사람들의 삶은 우리나라의 60~70년대를 떠올리게 했다. 한 가지 인상 깊었던 점은 우리와는 모든 규모의 단위가 다른 듯했다는 것이다. 넓은 땅 위에 지어진 건물들은 하나같이 장대하고 웅장했다. 사회주의 국가라는 특성 덕분에 가능했을 수도 있겠지만, 우리로서는 상상조차 어려운 거대한 시설들을 참으로 잘 지어놓았다는 생각이 들었다. 비록 13억이 넘는 인구 중 대다수가 여전히 가난하게 살고 있지만, 크고 장대한 규모의 시설물을 볼 때마다 묘한 감정이 들고, 가슴이 먹먹해지는 느낌을 지울 수 없었다.

귀에는 여전히 "아줌마 싸다!", "아줌마 천 원!", "아줌마 좋아요, 천 원!" 하는 상인들의 소리가 생생하다. 여행 중에 꽉 찼던 지갑 속 천 원짜리 뭉치는 어느새 다 털려버렸지만, 돈보다 소중한 이번 여행의 추억과 여운은 오래도록 남을 것이다. 산악회 회원들과 함께한 이번 여정이 정말 행복했고, 이런 마음으로 이 여행기를 마무리하고자 한다.

아시아를 통해
세계를 배우다

"아시아를 통해 세계를 배우다."라는 슬로건 아래, 환경단체의 해외 연수로 4박 6일간 베트남과 캄보디아를 다녀왔다. 짧은 여정으로 이 두 나라를 온전히 이해할 수는 없었지만, 특히 캄보디아는 곳곳에 유적이 가득하면서도 그 속에 슬픈 역사를 품고 있었다. 이번 여행의 마지막 날은 최근 읽은 책에서 잠깐 언급되었던 R2PResponsibility to Protect와 관련된 장소를 방문했다. R2P는 국가나 지도자가 자행하는 인종 청소나 집단 학살, 전쟁 범죄와 같은 반인륜적 범죄에 대한 국제적 책임을 뜻한다. 오늘 우리가 향한 곳은 바로 캄보디아의 유명한 킬링필드를 간직한 왓 트마이Wat Thmei 사원이다.

왓 트마이 사원은 킬링필드 유골들이 전시된 장소로, 이곳은 많은 국민이 학살된 아픈 역사를 간직하고 있다. 그곳에 전시된 유골들은 단순한 모형이 아니라, 실제 학살의 피해자들로서 당시 희생된 사람들의 유해들이다. 가이드의 설명에 따르면, 캄보디아에서는 1975년부터 5년간 폴 포트 정권 아래 킬링필드로 불리는 대학살이 일어났다. 당시 인구 약 1,000만 명 중 250만 명, 즉 인구의 4분의 1에 해당하는 무고한 시민이 학살당했다고 한다.

이 비극적인 역사를 직접 마주하니 캄보디아 국민이 겪었던 고통이 생생히 다가와 마음이 숙연해졌다. 짧지만 깊은 여운을 남긴 이번 여행은 아시아를 넘어 세계의 역사와 그 교훈에 대해 다시 한 번 생각해 보게 했다.

캄보디아 킬링필드에서의 학살은 철저히 계획된 비극이었다. 당시 폴 포트 정권은 자신들의 권력 유지에 방해가 될 수 있는 사람들, 특히 공무원 출신이나 부유한 사람들을 가장 먼저 대상으로 삼았다. 이후 정권에 위협이 될 수 있는 지식인들까지 처형 대상에 포함되었다. 심지어 안경을 쓴 모습이나 손에 노동의 흔적이 없다는 이유로 지식인이라 판단하여 죽였고, 감옥에서 우는 아이마저도 무자비하게 살해했다.

살인 방식도 잔인했다. 아기를 공중에 던져 총으로 쏘거나, 드릴로 머리를 뚫어 죽이는 등 상상조차 어려운 방법으로 무고한 생명들이 희생되었다. 많은 사람들이 자신이 왜 죽어야 하는지조차 모른 채 희생되었다. 그들의 죽음이 헛되지 않도록, 이 나라에도 진정한 자유와 평화가 찾아오길 간절히 기도했다.

폴 포트 정부는 완벽한 공산주의 사회를 단기간에 구축하겠다는 목표 아래 러시아식 공산혁명 방식을 도입했다. 이들은 18세도 채 되지 않은 학생과 청년들에게 교육받은 사람들에 대한 증오를 심어주었고, 결과적으로 끔찍한 학살을 부추겼다. 이로 인해 일할 수 있는 지식인과 기술인이 거의 모두 사라지게 되었고, 학교에서는 가르칠 교사조차 남지 않게 되었다.

캄보디아의 이러한 상처는 현대에도 깊이 남아 있으며, 그 비극을 직접 마주하니 그 고통이 더 생생하게 느껴졌다.

1960년대만 해도 우리나라보다 잘살고 평화로웠던 캄보디아는 지도자의 잘못된 선택으로 인해 세계 최빈국 중 하나가 되었다. 현재 국민의 대다수가 15세 이하의 어린이들로 구성되어 있으며, 이들은 빈곤과 질병에 시달리고 있다. 영양실조와 말라리아, 풍토병, 이질, 장티푸스, 결핵, 비타민 결핍 등 여러 질병으로 고통을 받는 상황에서 평균 수명은 40대 후반에 불과하다. 인구의 60%가 문맹이고 물자가 극도로 부족해 많은 사람들이 견디기 어려운 고통 속에 살아가고 있다.

내가 머문 호텔 근처의 병원은 무료로 운영되는데, 선착순으로만 진료를 받을 수 있다. 며칠 동안 이 병원을 지나치다 보니, 아무 대책 없이 무작정 찾아온 사람들이 길게 줄을 서서 밤에도 그곳에서 기다리며 순서를 기다리는 모습을 볼 수 있었다. 영양실조에 시달리는 어린아이들은 말라리아 모기에 물려 열병에 시달리고 있으며, 이러한 어려움 속에 어린 나이에 신체적, 정신적 성장이 멈추어 버리기도 한다고 한다.

이후 방문한 곳은 톤레삽 호수의 수상가옥 촌이었다. 이곳은 물 위에 떠 있는 집들이 밀집한 지역으로, 캄보디아의 독특한 생활 방식을 보여주는 곳이자, 열악한 환경 속에서도 삶을 이어가는 사람들의 모습을 볼 수 있는 장소였다.

톤레삽 호수 주변의 환경은 너무도 열악했다. 수상 가옥들은 제대로 된 하수 처리가 되지 않은 상태에서 생활하므로, 오염된 강물과 배설물로 인해 많은 주민들이 그 물을 그대로 마시며 생존을 이어가고 있다. 흙탕물로 가득 찬 호수에는 각종 쓰레기가 떠다니고, 그로 인해 이 지역의 주민들은 수인성 전염병에 노출되며 영아 사망률이 세계에서 가장 높은 수준에 이른다고 한다.

환경 문제를 연구하고 걱정하는 환경단체로서 이러한 현실을 목도하니 참으로 안타까웠고, 무엇을 할 수 있을지 막막함과 답답함이 밀려왔다. 이번 여행에는 아름다운 순간도 있었지만, 그만큼 슬프고 아픈 장면들도 많이 남았다. 특히 부모들이 어린아이를 데리고 거리에서 구걸하는 모습이 가슴 아팠다. 아무리 어려웠던 우리나라 과거에서도 아이들을 앞세운 구걸은 흔치 않았던 것 같다.

현재 캄보디아는 많은 원조 덕분에 조금씩 나아지고 있다고 한다. 특히 한국의 지원이 큰 힘이 되었다고 가이드는 설명했다. 그

럼에도 대부분의 3~15세 아이들이 거리에서 맨발로 관광객에게
"1달러!"를 외치며 자잘한 물건들을 판매하는 모습이 곳곳에서 보
였다. 작은 손으로 간절히 1달러를 외치던 아이들의 모습은 이 여
행의 여운으로 남아, 지금도 뇌리에서 쉽게 지워지지 않는다.

한국에서는 커피 한 잔 값으로 느껴지는 천 원의 소중함을 이번
캄보디아와 베트남 여행을 통해 새롭게 깨닫게 되었다. 이 여행은
나에게 많은 것을 가르쳐 주었고, 큰 깨달음을 남겼다.

아시아의
그랜드 캐니언을 만나다

중국에서 가장 아름다운 10대 협곡 중 하나로 손꼽히는 태항산 대협곡에 3박 4일 일정으로 다녀왔다. '종합병원'이라는 별명이 붙은 내가 이 웅장한 중국의 그랜드 캐니언, 태항산을 포기할 수는 없었다. 일행에게 짐이 되지 않으려 가장 먼저 챙긴 것은 바로 약보따리였다.

첫날은 28명의 일행과 반갑게 인사를 나누고, 중국 지난 공항에 도착해 현지 가이드를 만나 4시간을 달려 임주에 있는 호텔에 도착했다. 특별한 일정 없이 이동으로 마무리된 하루였지만, 앞으로의 여정을 기대하며 설레는 마음이 컸다.

둘째 날, 본격적으로 中國 任州 太行 大峽谷 탐험이 시작되었다. 사실 태항산은 산이라기보다는 산맥으로, 남북으로 약 600km, 동서로 250km에 달하는 광대한 협곡을 이루고 있다. 부르기 쉽게 '태항산'이라고 줄여 부르는 이곳은 '중국의 그랜드 캐니언'이라 불릴 정도로 장대한 자연 풍광을 자랑한다. 다만 아쉬운 점은 3년째 이어진 가뭄으로 인해 원래 장관을 이루는 폭포수가 약해졌다는 것이다.

오늘 우리의 일정은 1,200개의 계단을 오르고 이어서 3,000개의 계단을 내려오는 코스였다. 생각만 해도 끔찍한 일정이라 벌써부터 숨이 차는 기분이었다.

태항산 입구 주차장에서 버스에서 내리자마자, 노인들이 우리에게 우르르 몰려들었다. 그들의 손에는 여러 개의 지팡이가 들려 있었고, 하나라도 팔겠다는 치열한 경쟁 속에서 우리 일행을 따라붙었다. 그 모습을 보니 오늘 오르게 될 협곡이 결코 쉬운 길이 아님을 실감하게 되었다.

이렇게 시작된 험난한 여정에서 가장 먼저 마주한 곳은 구련폭포였다. 도화곡에 있는 여러 폭포들 중 가장 크고 아름답다는 구련폭포는 멋진 경관을 자랑했다. 우리 일행은 그곳에서 원주민들이 천 원, 천 원 외치며 팔던 과일을 하나씩 사서 시원한 맥주와 함께 잠시 쉬어갔다. 그리고 다시 계단을 오르기 시작했다.

이후 우리는 일명 '빵 차'를 탔는데, 이 이름은 산길이 너무 구불구불해서 반대편 차선이 보이지 않아 계속 빵빵 경적을 울리기 때문에 붙여진 이름이다. 빵 차는 구불구불한 산길을 달리다 멋진 전망이 있는 곳에 잠시 내려주고, 구경을 마치면 다시 타고 이동하는 식으로 진행되었다. U자 형태로 휘어진 길을 빠르게 달릴 수 없었던 빵 차는 무서움과 스릴, 그리고 환상의 조합으로 색다른 경험을 선사했다.

빵 차를 타고 처음 도착한 곳은 해발 1,200m의 '천경'으로, 여기서 인증샷을 남겼다. 이어서 또다시 빵 차를 타고 이동한 곳은 천 길 낭떠러지에 설치된 유리 전망대였다. 그곳에 서면 발 아래로 펼쳐지는 절벽이 그대로 보였고, 일부 일행은 너무 무서워 들어오지 못하거나 아예 주저앉아 기어가기도 했다. 나는 이곳에서 주변의 아름다운 풍경을 눈으로 한 번, 마음속에 한 번 스케치하며 깊이 새겨두었다.

그 후에도 우리 일행은 빵 차를 타고 반대편으로 이동하며, 차 안에서 흘러나오는 한국 가요를 하나둘 따라 부르며 흥겹게 다음 목적지로 향했다.

오늘 일정의 하이라이트는 바로 왕상암의 명물, 높이 88m에 직경 3m의 원통형 사다리인 일명 '달팽이관'이다. 총 331개의 계단으로 이루어진 이 달팽이관은 그 독특한 구조 때문에 스릴과 도전 의식을 불러일으킨다. 가이드가 고소공포증이나 현기증이 있거나 다리가 아픈 사람들은 다시 빵 차를 타고 돌아가라고 권유했지만, 나는 모험심과 스릴을 즐기는 사람이 아닌가! 당연히 달팽이관을 통해 내려가기로 마음먹었다.

달팽이관에서만 331계단, 오늘 전체 일정에서 내려가야 할 총 3,000계단—한번 해 볼 만한 도전이라고 생각했다. 결국 무사히 모든 계단을 내려오며 오늘의 일정을 마무리했다. 비록 종아리에 약간의 통증이 느껴지지만, 미세먼지가 조금 있는 날씨 속에서도 태항산의 아름다운 풍경을 마음껏 담을 수 있어 행복한 하루였다.

셋째 날, 아침부터 비가 내린다. 왠지 불길한 예감이 들지만, 예정된 일정을 미룰 순 없다. 오늘 우리는 백리화랑으로 펼쳐진 협곡 풍경을 감상하기 위해 회룡 천계산으로 향했다. '하늘과 산의 경계'라는 뜻을 가진 이곳은 태항산 풍경구의 하이라이트로, 전동카를 타고 산맥을 360도 돌아보며 장대한 절경을 즐길 수 있는 코스다. 우리는 버스를 타고 아찔한 절벽 도로를 따라 천계산 입구로 향했다.

이 절벽 도로는 특별한 사연이 깃든 곳이다. 외부로 나갈 길이 없었던 곤산 마을 주민 13명이 무려 30년 동안 수직 암벽에 도로를 만들어 낸 결과, 길이 1,250m의 동굴 도로가 탄생했다. 이는 세계 8대 기적으로 불리며 관광객들에게 감동을 주는 장소다.

하지만 아침부터 느껴졌던 불길한 예감은 현실이 되고 말았다. 전날 내린 폭우와 오늘 자욱한 안개로 인해 산이 통제되었고, 천계산 입구에 도착하고서도 한 치 앞도 보이지 않는 상황이었다. 순간, 작년 이맘때 백두산에서 함박눈으로 인해 천지를 보지 못했던 아쉬운 기억이 떠올랐다. 결국, 우리는 아쉬움을 뒤로한 채 발길을 돌려야 했다. 마음속에 깊은 아쉬움이 남아, 연신 "아쉽다."라는 말만 나왔다.

중국 여행을 할 때마다 향채(샹차이) 때문에 음식을 제대로 먹지 못했던 내가, 이번 여행에서는 원 없이 먹고 마시고 왔다. 일행들의 가방은 마치 보물 상자처럼 끝도 없이 먹을거리가 나왔고, 그들이 준비해온 음식과 현지 식사가 어우러져 정말 끝내주는 조합이었다. 덕분에 이번 여행 동안 맛있게 잘 먹을 수 있었다.

특히, 일명 '종합병원'인 나를 위해 세심하게 배려해주고 희생해준 일행들 덕분에 더욱 즐겁고 편안하게 여행을 즐길 수 있었다. 잊지 못할 추억을 함께 만들어준 모든 분들께 진심으로 감사드린다.

넓이가 우리나라의 96배나 되는 광활한 땅과 13억 인구를 가진 중국답게, 태항산 대협곡도 역시 그 크기와 웅장함이 압도적이었다. 가슴속 깊이 태항산의 아름다운 풍광을 많이 담고 돌아와 마음이 벅차다. 이번 여행은 나에게 정말 행복하고 소중한 시간이 되었다.

이제는 여행이 두렵다

96년도에 겪은 교통사고로 왼쪽 무릎 연골이 파열된 이후, 2~3년에 한 번씩 수술을 받으며 산행과 여행을 이어왔다. 그러나 이제는 이것조차 힘들어지는 것 같아 매우 속상하다. 올 7월, 그토록 보고 싶었던 백두산 천지를 만나기 위해 북파와 서파 코스를 이틀 연속 올랐다. 특히 서파 코스에서는 1,442개의 나무 계단을 오르며 숨이 턱 밑까지 차오르고 몇 번이고 포기하고 싶은 마음이 들기도 했다.

하지만, 산신은 내 편이 아니었던 걸까. 우박과 비가 내리며 천지는 흐릿하게 가려져 있었다. 잠시 안개가 걷힌 틈에 희미하게나마 천지를 볼 수 있었던 것으로 만족해야 했다. 다음 날의 북파 코스는 아예 통제되면서, 이번 백두산 여행의 천지는 그렇게 희미한 모습으로만 내 기억 속에 남았다. 몇 년 전에도 첫눈으로 인해 천지를 보지 못했는데, 이번에도 선명히 볼 수 없었다.

이번 생에 꼭 한 번은 선명한 백두산 천지를 만나고 싶은데, 그 기회가 나에게 주어지지 않는 건지, 아니면 남의 눈을 통해 찍은 사진으로만 만족해야 할지 고민이 되기도 한다. 하지만 나는 멈추지 않을 것이다. 여행이 두려운 것이 아니라, 나는 또 다른 여정을 찾아 나설 것이다. 세상은 너무도 넓고, 우리는 잠시 머물다 가는 여행자일 뿐이니까.

헨리 밀러는 "여행이란 목적지에 도달하는 것이 아니라, 새로운 시각으로 세상을 바라보게 되는 것이다."라고 말했다. 그의 말처럼 여행은 단순히 새로운 장소를 방문하는 것 이상의 의미를 지닌다. 그곳에서 마주한 풍경과 사람들, 예상치 못한 경험들은 우리 마음속에 오래 남아 삶을 풍요롭게 해주는 소중한 기억이 된다. 낯선 곳에서 발견한 새로운 나 자신, 그리고 그 경험이 주는 새로운 시각은 일상으로 돌아온 후에도 나를 계속해서 성장하게 만든다.

이 책을 읽는 당신도 여행을 계획하고 있다면, 단순한 휴식과 즐거움을 넘어 어떤 새로운 이야기를 써 내려갈지 기대하며 준비해 보길 바란다. 그 여정을 통해 삶의 또 다른 아름다움을 발견하게 될 것이다. 당신의 여행이 인생에서 가장 기억에 남는 소중한 시간이 되기를 진심으로 기원한다.

발왕산

宣怡 장선옥

잔뜩 기대하고
오른 발왕산
역시 나를 실망시키지 않았다

발아래 펼쳐진
형형색색의 고운 빛
눈과 마음을
힐링하기엔
이만 할 수 있으랴

산들바람이 속삭이고
햇살은 따스히 감싸주네
자연의 품에 안겨
잠시 모든 걸 내려놓고 싶다

하늘과 맞닿은 이 순간,
내 마음도 가벼워진다
저 멀리서 들려오는 새들의 노래가
마음속 깊이 울림을 주네

이곳에선 시간도 잊은 채

내가 나로 돌아가네

CHAPTER 12

무일푼으로 시작하는 1인 지식기업 창의적인 플랫폼 자립을 넘어 자유로

무슨 일을 해서 돈을 벌 것인지는 본인의 선택이지만,
내가 직접 경험한 '무일푼으로 시작한 1인 지식기업'은
최신 정보와 기술로 한 명이라도 더 많은 이들에게 지식과 부를 동시에
쌓는 기회를 제공할 것이다.

정 영 신(민규)

Mobile 010-2453-3978
Email gostar114@naver.com

학력 및 경력사항

- 고려대명강사최고위과정 20기 홍보회장
- 자립을 넘어 자유로(1인지식기업 창의적인 플랫폼) 창시자
- 전)김천마트 24시 대표
- 전)한일애견종합전시판매장 대표
- 전)백두/백두산공인중개사 본부장

강의 분야

- 1인지식기업컨설팅/너는 출근하니 나는 출금하러 간다
- 부부연애 재혼/ 내가 더 사랑할 테니 나보다 사랑하지 마오
- 실전유튜브- 휴대폰하나로3시간마스터
- 재테크/가상화폐거래투자

자격 사항

- 명강의명강사 1급
- 리더십지도사 1급
- 인성지도사 1급
- 스피치지도사 1급
- 부모교육상담사 1급
- 평생교육강사 1급
- 노인교육강사 1급
- 기업교육강사 1급

저서

- 고려대 명강사 25시(공저): 무일푼으로 시작하는
1인 지식기업 창의적인 플랫폼 자립을 넘어 자유로

무일푼으로 '1인 지식기업' 시작하기

　무일푼으로 시작하는 1인 지식기업 창의적인 플랫폼(자립을 넘어 자유로). 자! 무슨 생각이 드시나요? 세상에 무일푼으로 가능한 일이 과연 있겠는가? 그러나 무일푼이라는 것은 제일 중요한 정보를 얻는 것이다. 여러분도 이제 1인 지식기업을 준비하고 그림을 그리는 데 필요한 사업계획 초안을 만드는 것은 비용 없이도 얼마든지 가능하다. 먼저 1인 지식기업의 의미에 대해서 사전 또는 요즘 대세라는 chat GPT를 활용해서 검색해 보자.

　1인 지식기업은 특정한 기술, 경험, 지식을 보유한 개인이 이를 바탕으로 독립적으로 창업하고, 자신의 지식을 상품이나 서비스 형태로 제공하는 사업 형태를 의미한다. 전통적인 기업과 달리, 물리적 자산보다는 지식과 경험이 주요 자산이 되며, 소규모로 운영

되기 때문에 비용이 적게 들고 의사결정이 빠르다.

예를 들어, 컨설팅, 강의, 온라인 강좌, 코칭, 글쓰기, 연구, 콘텐츠 제작, 디자인 등 다양한 분야에서 1인 지식기업이 가능하며, 디지털 플랫폼과 소셜 미디어 덕분에 전 세계를 대상으로 활동할 수 있다. 주요 특징은 다음과 같다.

- **고도의 전문성** 창업자는 해당 분야의 전문가로서 신뢰성을 높이고, 독창적 콘텐츠나 솔루션을 제공할 수 있어야 한다.
- **디지털 플랫폼 활용** 블로그, 유튜브, SNS, 온라인 강의 플랫폼 등 디지털 도구를 통해 사업 확장과 고객 확보가 이루어진다.
- **빠른 피드백 루프** 고객과 직접 소통하고, 이를 기반으로 즉각적인 피드백을 반영해 지속적인 서비스 개선이 가능하다.
- **비용 효율성** 사무실이나 직원에 대한 부담이 적고, 재택근무나 소규모 오피스에서의 운영이 가능하다.

이를 위한 도구는 스마트폰과 집에 있는 PC 또는 노트북으로 충분하다. 그렇다면 무엇을 배워서 시작할 것인가? 그리고 내 전문 분야는 무엇인가? 이에 대한 고민이 없으니 원하는 바를 이룰 수 없다.

앞으로의 시대는 점점 일자리가 사라지는 데 주목해야 한다. 아무리 찾으려고 해도 양질의 일자리는 점점 찾기 힘들어진다는 것이다. 정년을 늘려 미래 세대에 부담을 주지 말자고, 청년들이 정상적인 정규직 또는 번듯한 직장에 다닐 수 있도록 기성세대들이 양보해야 우리 사회에 미래가 있다. 젊은 세대가 좋은 직장에 다니고 결혼도 하고 애들도 마음 편히 낳을 수 있는 사회를 만들기 위해서는 청년 실업문제, 청년 결혼문제, 저출산문제, 연금 문제까지 모든 것이 해결되어야 한다. 이렇게 청년들이 마음껏 일할 수 있도록 50~60대 이후는 출근 대신 출금에 귀를 기울여야 한다. 1인 지식기업의 핵심 키워드는 다양한 분야가 있겠지만 무일푼으로 시작하는 1인 지식기업 창의적인 플랫폼에서는 "너는 출근하니, 나는 출금하러 간다."라는 주제로 풀어 갈 예정이다.

자립을 넘어 자유로

논란의 여지는 있지만 아주 오래전부터 소득을 얻는 여러 가지 방법 중 노동소득과 권리 소득 연금소득 등 다양한 소득이 있다고 들었다. 사실 젊은 날에는 오로지 일한 만큼의 대가를 받는 소득만 배웠다. 부자들만이 할 수 있거나 기본 자산이 있어야 이자소득 부동산을 통한 임대소득을 얻는다고 알고 있다. 그러나 지금은 엄청난 정보와 기회가 공존하고 있고 그러한 기회를 잡기 위해서 준비되어 있어야 한다. 그렇다면 무엇부터 준비할 것인지 하나하나 알아보고 준비해 두자.

1인 지식기업은 하루아침에 만들어지는 것이 아니다. 여러분의 아이템으로 시작하기 위해서는 성공할지 실패할지 얼마의 소득이 될지 알 수 없다. 그래서 플랫폼이 필요하고 플랫폼에서 제공하는 정보를 받고 배워서 즉시 활용해서 소득을 창출할 수 있다는 것이다. 인생에서 가장 큰 숙제는 자립이다. 자립_{自立}이란 개인이나 조직이 다른 사람이나 외부 도움에 의존하지 않고 스스로 필요한 것들을 충족하고 해결하는 능력을 갖추는 것을 의미한다. 자립은 경제적, 정서적, 사회적 측면에서 독립적으로 살아갈 수 있는 상태를 뜻하기도 한다. 자립의 주요 요소는 다음과 같다.

- **경제적 자립** 개인이 스스로 생계를 유지할 수 있는 능력을 갖춘 상태다. 안정적인 수입원이나 직업을 통해 타인의 도움 없이 경제적 생활을 지속할 수 있어야 한다.
- **정서적 자립** 자신의 감정과 욕구를 스스로 관리하고, 타인의 영향을 지나치게 받지 않으며 자신을 존중하는 능력이다. 이는 자신감과 자기 존중감을 통해 이루어지며, 자신의 삶에 대한 주도권을 갖는 것이 핵심이다.
- **사회적 자립** 사회에서 홀로 서서 인간관계를 형성하고, 책임 있는 시민으로서의 역할을 수행할 수 있는 상태를 의미한다. 이는 의존적이지 않으면서도 건강한 관계를 유지하는 능력을 포함한다."

자립은 종종 성인기, 청소년기의 주요 발달 과업으로 간주되며, 자기 성장을 통해 이루어지는 궁극적인 목표로 여겨진다. 이러한 부분은 사전적인 자립이고 간단하게 말하면 스스로 서는 것이고 누구에게도 의존하지 않고 짐이 되지 않는 것이다. 부모에게 기대지 않고 자식에게 의지하지 않는 상태를 추구한다. 그렇다면 자유는 무엇인가. 자립을 할 때 비로소 진정한 자유를 누릴 수 있다고 난 믿는다. 진정한 자유의 의미는 다음과 같다.

"진정한 자유는 외부의 억압이나 제약에서 벗어나, 자신의 가치와 선택에 따라 살아갈 수 있는 상태를 의미합니다. 이는 단순히 물리적 구속이나 강제로부터 벗어난 상태가 아니라, 자신의 삶을 스스로 결정하고 책임지며, 진정한 자아를 표현할 수 있는 상태를 말합니다. 진정한 자유의 핵심 요소는 다음과 같습니다.

- **내적 자유** 외부의 조건이나 타인의 의견에 휘둘리지 않고, 자신의 내면적 가치와 신념을 따르는 상태다. 이것은 자아에 대한 깊은 이해와 확신에서 비롯되며, 자기 수용과 존중이 뒷받침된다.
- **선택의 자유** 자신에게 가장 의미 있고 행복한 삶의 방향을 스스로 선택할 수 있는 권리라 할 수 있다. 이 과정에서 사회적 기대나 관습에 묶이지 않고, 진정한 자아가 원하는 길을 결정하는 것을 의미한다.
- **책임의 자유** 자유로운 선택에는 그에 따르는 책임이 있다. 진정한 자유는 자신이 선택한 결과를 수용하고, 그것을 삶 속에서 책임질 수 있는 능력과 태도를 포함한다.

- **성장의 자유** 개인의 잠재력과 능력을 펼쳐 나가며 성장할 수 있는 기회와 환경이 자유로운 삶의 중요한 요소라 할 수 있다. 이는 제한이나 억압이 없는 상태에서 자신의 재능과 가능성을 충분히 발휘하는 것을 뜻한다. 진정한 자유는 단순한 '제약 없음'이 아니라, 내적 평화와 성숙한 자아를 통해 스스로를 주체적으로 이끌어가는 힘을 가질 때 비로소 경험할 수 있는 깊은 상태다.

그리고 단어를 붙여서 자립을 넘어 자유로 나아간다는 것은 자립을 통해 기본적인 독립을 이룬 상태에서 더 나아가, 자신만의 삶을 주도적으로 개척하며 진정한 자유를 실현하는 과정입니다."

자립이 외부의 도움 없이 독립적으로 설 수 있는 능력을 뜻한다면, 자유는 이 자립을 기반으로 자신의 내면을 따르며 의미 있는 선택을 할 수 있는 상태를 말한다. 이러한 의미를 더 자세히 살펴보면 다음과 같다.

"단순 생존에서 벗어난 자아실현: 자립은 생존과 기본적인 욕구 충족을 가능하게 하지만, 자유는 그 이상의 자기 탐구와 자아실현을 포함합니다. 자유로운 삶은 물질적 안정 이상의 목표, 즉 자신의 가치와 목적에 맞는 삶을 스스로 설계하는 것입니다.

내면적 선택의 자유: 자립이 외부로부터 독립을 이루는 것이라면, 자유는 내면의 진실한 목소리를 따르는 선택을 할 수 있는 능력을 의미합니다. 이는 외부의 기대나 사회적 규범이 아닌 자신만의 신념에 따라 살아갈 수 있는 힘입니다.

제한 없는 성장과 창조: 자립의 단계에서 사람은 책임을 통해 성장할 수 있지만, 자유의 단계에서는 스스로 원하는 방향으로 무한히 성장하고 창조할 수 있습니다. 자신의 잠재력을 발휘하고, 새로운 가능성을 탐구하는 과정에서 얻는 성장이 바로 자유로움입니다.

책임을 넘어선 주도성: 자립 단계에서는 독립을 유지하기 위해 책임이 중요하지만, 자유의 단계에서는 더 나아가 스스로의 삶을 적극적으로 창조해 나가는 주도성이 필요합니다. 이 주도성은 자신의 행동과 결정이 삶에 미칠 영향을 받아들이며, 타인의 기대에 얽매이지 않고 자발적으로 원하는 길을 개척하는 힘입니다.

참된 평온과 충만함: 진정한 자유는 물질적 독립을 넘어서 내적 평온과 충만함을 추구합니다. 자립을 이루어 외부로부터 자유로워졌다면, 이제는 내적 만족과 행복을 찾아가는 과정이 필요한데, 이는 자신의 내면을 존중하고 진정한 자아를 향해 나아갈 때 비로소 경험할 수 있는 상태입니다.

결국, 자립을 넘어 자유로 나아간다는 것은 독립된 존재로서 생존을 넘어서는 자기실현을 추구하고, 내면의 목소리를 따라 자신의 고유한 길을 개척하는 삶의 방식입니다."

이러한 자립을 넘어 자유의 개념 정리를 하는 데까지가 무일푼으로 시작할 수 있는 단계가 맞다면, 실질적으로 준비해야 하고 배워야 하는 것이기에 조금은 시간을 투자해야 한다는 것이다. 배우기 위해 시간을 투자하는 것이 가장 큰 투자라고 생각한다.

나는 경남 김해 진영이라고 하는 곳에서 1인 지식기업을 시작했고 창시자라고 명함을 박았다. 너무 거창하기도 하겠지만 내 마음대로 하는 사업이니 명함에도 대표, 소장, 본부장, 부장, 이사 같은 식상한 직함 대신 내 마음대로 톡톡 튀는 아이디어로 '창시자'라는 명칭을 사용해서 새로운 분야를 개척하고 있다.

유튜브 시작하기

1인 지식 기업의 핵심 키워드는 홍보다. 이 시대의 홍보 NO.1 대세는 유튜브만 한 것이 있을까? 우리 모두는 유튜브를 만들고 제작하고 배포할 줄 알아야 한다.

유튜브를 시작하기 위해서 수많은 것들을 배워야 한다지만 나는 3시간 만에 끝내는 실전 유튜브와 온라인 활용 능력만 있으면 충분하다고 생각한다. 무엇이든 전문가가 되기 위해서는 엄청난 테크닉이 필요하겠지만 내가 경험한 바로는 기본적인 것만 알아도 전혀 문제가 되지 않는다는 것이다. 예를 들어 유튜브 계정을 개설해서 배우기 위해서 수십만 원 수백만 원을 몇 주 몇 달을 내고 배우는 분들이 있고 그런 교육 또한 유용한 교육이라 할 수 있다. 하지만 나는 그런 교육을 단 한 번도 받아 보지 못했고 오로지 모든 것을 유튜브로 배웠다. 가장 중요한 것은 유튜브를 그냥 시작하는 것이다. 지금부터 유튜브를 시작하려면 무엇을 해야 하는지 알아보자.

"유튜버가 되기 위한 기본적인 절차와 준비 단계는 채널 개설부터 콘텐츠 제작과 운영 계획까지 여러 요소를 포함합니다. 아래는 유튜브 채널을 시작하기 위한 주요 단계들입니다.

1. 채널 개설 준비

- **목표 설정** 유튜브 채널의 목표와 콘텐츠 주제를 명확히 정합니다. 예를 들어, 엔터테인먼트, 교육, 리뷰, 브이로그 등 주제를 정하면 콘텐츠 방향과 타깃 청중을 구체화할 수 있습니다.
- **구글 계정 만들기** 유튜브는 구글 계정으로 운영되므로, 구글 계정이 없다면 계정을 만듭니다.
- **채널 개설** 유튜브 웹사이트에 로그인한 후 '내 채널'로 이동해 채널을 생성합니다. 채널 이름은 주제를 잘 나타내며 쉽게 기억될 수 있는 이름으로 정하는 것이 좋습니다.

2. 기본 채널 설정

- **프로필 사진과 배너 설정** 채널의 첫인상을 좌우하므로, 주제와 일관성 있는 프로필 사진과 배너를 준비합니다. (예: 개인 사진, 로고 등)
- **채널 소개 작성** 채널의 목적과 다루는 주제에 대해 설명하는 소개 글을

작성합니다. 방문자가 채널을 방문했을 때 흥미를 느끼고 구독할 수 있도록 간결하고 매력적으로 작성합니다.

- **채널 URL과 맞춤 링크 설정** 구독자가 쉽게 기억할 수 있도록 유튜브 맞춤 URL을 설정합니다. 링크는 100명의 구독자와 30일 이상 된 채널, 프로필 사진과 배너가 설정된 채널에 제공됩니다.

3. 콘텐츠 계획

- **콘텐츠 주제 및 기획** 주요 주제와 관련된 세부 콘텐츠 아이디어를 구체화하고, 시리즈 형태로 기획하거나 초반에 몇 가지 영상 아이디어를 미리 준비합니다.
- **경쟁 채널 분석** 유사한 콘텐츠를 다루는 채널을 연구하고, 그들의 인기 있는 주제, 형식, 스타일 등을 파악하여 차별화 포인트를 찾습니다.
- **업로드 일정 계획** 정기적으로 영상을 올리는 것이 중요하므로, 주간 또는 월간 업로드 일정을 계획합니다. 일관성 있게 콘텐츠를 제공하면 구독자와의 신뢰를 쌓을 수 있습니다.

4. 필요한 장비 준비

- **촬영 장비** 시작할 때는 스마트폰 카메라로도 충분히 가능하지만, 콘텐츠에 따라 DSLR, 미러리스 카메라, 웹캠 등을 사용할 수 있습니다.
- **조명 장비** 자연광이나 기본 조명으로도 가능하지만, 더 좋은 화질을 원한다면 링 라이트나 소프트 박스를 사용하는 것도 좋습니다.

- **음향 장비** 소리가 선명하지 않으면 시청 경험이 떨어질 수 있으므로 마이크를 사용하는 것을 추천합니다. 스마트폰 마이크나 핀 마이크도 초기에는 적합합니다.
- **영상 편집 소프트웨어** 초보자에게는 iMovie, VSDC, DaVinci Resolve 등이 유용하며, 경험이 쌓이면 프리미어 프로나 파이널 컷 프로 같은 고급 소프트웨어도 고려할 수 있습니다. 그러나 난 스마트폰 하나로 시작 가능하고 삼각대 정도 준비만으로도 충분하다.

5. 영상 촬영 및 편집

- **촬영** 계획한 콘텐츠 아이디어에 따라 촬영을 진행합니다. 구성을 생각하고 필요하다면 각본을 준비하여 전달력을 높입니다.
- **편집** 편집은 영상의 완성도를 높이는 중요한 과정입니다. 클립을 정리하고, 자막이나 그래픽을 추가하고, 배경 음악과 효과음을 사용해 영상의 몰입감을 높입니다.
- **썸네일 제작** 클릭을 유도하는 썸네일을 만들면 조회 수 증가에 도움이 됩니다. 사진과 텍스트를 활용하여 시선을 끌 수 있는 썸네일을 만듭니다.

6. 첫 영상 업로드 및 채널 홍보

- **영상 업로드** 유튜브에 접속해 영상을 업로드하고 제목, 설명, 해시태그 등을 추가합니다.

- **홍보** SNS, 블로그, 친구 네트워크 등을 활용해 채널을 홍보하고 초반에 구독자를 모아나갑니다.

7. 피드백 수집과 개선

- **시청자 반응 분석** 유튜브 애널리틱스를 통해 조회 수, 시청 시간, 구독자 증가 등 시청자 반응을 분석하고, 피드백을 통해 콘텐츠 개선 방향을 모색합니다.
- **채널 성장 전략** 어떤 영상이 반응이 좋은지 분석하고, 이와 관련된 주제를 더 다루는 등의 전략을 세워 채널 성장을 도모합니다.

검색하면 이러한 방법과 준비단계가 필요하다고 한다. 간단하게 스마트폰 카메라로 동영상을 찍고 갤러리에 저장된 영상을 유튜브에 게시하고 싶다면 1분 만에 업로드하는 방법도 있다. 유튜브 앱에 들어가서 제일 하단 동그라미 플러스 버튼을 눌러 쇼트영상 짤막한 영상 또는 긴 영상 업로드 중 선택해서 클릭만으로도 바로 유튜버가 될 수 있다고 주장하는 사람이다. 여러분도 휴대폰을 열고 유튜브 계정에서 실질적으로 영상으로 업로드해 보라. 가장 중요한 것은 지금 시작하는 것이다.

유튜브 편집 앱 활용하기

그럼, 다음은 무엇이 필요한가. 자막을 넣고 싶을 것이다. 그리고 간단한 편집 자르기 크게 하기, 작게 하기, 음악 넣기, 이것 또한 너무 간단하다. 앱 하나면 모든 것이 다 가능하다. 내가 가장 좋아하고 애용하는 앱은 '키네마스터'이다. 취미로 하는 것은 무료 버전으로도 가능하며, 중급 정도로 하려면 월 또는 년으로 결제해서 사용하면 된다. 키네마스터의 사용 방법과 기능들을 잠시 알아보자.

1. 키네마스터 회원 가입 방법

- **앱 다운로드** 앱 스토어(iOS의 App Store 또는 안드로이드의 Google Play)에서 '키네마스터'를 검색하고 앱을 다운로드합니다.
- **앱 실행 및 가입** 앱을 실행하면 가입 절차로 안내됩니다. Google 또는

Apple 계정으로 로그인 키네마스터는 구글, 애플 계정을 사용해 간편하게 로그인할 수 있습니다. 앱에서 구글 또는 애플 계정을 선택하면 별도의 회원 가입 없이 바로 계정이 연동됩니다.

- **회원 가입 옵션 확인** 필요시 앱 내에서 '프로 버전'이나 유료 플랜을 선택할 수 있으며, 구독 시 더 많은 기능과 편집 리소스를 사용할 수 있습니다.

2. 자막 넣기

- **영상 추가** 키네마스터 앱에서 새 프로젝트를 생성하고 편집할 영상을 타임라인에 추가합니다.
- **자막 추가** 오른쪽 메뉴에서 '레이어' 버튼을 클릭한 후, '텍스트' 옵션을 선택합니다.
- **텍스트 입력** 원하는 자막 내용을 입력하고, '확인' 버튼을 누릅니다.
- **자막 위치 조정 및 스타일 설정** 텍스트를 터치하여 화면의 위치를 이동하거나 크기를 조정할 수 있습니다. 하단에서 글꼴, 색상, 그림자 등 자막 스타일을 꾸밀 수도 있습니다.
- **자막 지속 시간 설정** 자막이 표시될 구간을 타임라인에서 조정하여 시작과 끝 시점을 설정합니다.

3. 영상 자르기

- **자르기 할 클립 선택** 타임라인에서 자르고자 하는 영상을 선택합니다.

- **자르기 도구 사용** 오른쪽 메뉴에서 '가위' 아이콘을 눌러 '앞쪽 자르기', '뒤쪽 자르기' 또는 '분할 및 잘라내기' 기능을 사용하여 원하는 부분을 남기거나 제거할 수 있습니다.

4. 화면 확대·축소
- **클립 선택 후 확대·축소 옵션** 타임라인에서 확대나 축소를 적용할 클립을 선택합니다.
- **확대·축소 도구 사용** 오른쪽 메뉴의 "팬 및 확대/축소" 옵션을 선택합니다.
- **시작과 끝 위치 설정** 시작 위치와 끝 위치를 각각 설정해 클립이 재생되면서 자연스럽게 확대 또는 축소되도록 설정할 수 있습니다.

5. 음악 넣기
- **음악 추가** 오른쪽 메뉴에서 '오디오' 버튼을 선택합니다.
- **오디오 파일 선택** 키네마스터 내 라이브러리에서 제공되는 음악을 사용하거나, 기기 내 저장된 음악 파일을 선택할 수 있습니다.
- **음악 길이 및 위치 조정** 타임라인에서 음악 클립의 길이를 영상 길이에 맞게 조정하고, 시작과 끝 위치를 이동할 수 있습니다.

이 단계를 따라 키네마스터에서 기본적인 영상 편집을 손쉽게 할 수 있습니다."

이 정도만 알아도 기본은 다 배울 수 있고 돈 들이지 않고 무일 푼으로 누구나 준비할 수 있다. 그다음 썸네일이다. 초보들에게 추천하는 썸네일을 만들 수 있는 앱을 소개한다.

"썸네일(Thumbnail)은 유튜브나 SNS에서 동영상의 첫 화면에 표시되는 이미지로, 시청자가 영상을 클릭하도록 유도하는 역할 을 합니다. 매력적이고 시선을 끄는 썸네일은 조회 수에 큰 영향을 미치기 때문에 유튜버들에게 매우 중요합니다.

썸네일을 만들 때 사용하는 앱 '글씨 팡팡'의 핵심 기능은 텍스트 효과와 편집 기능에 중점을 둡니다. 이 앱은 직관적인 인터페이스 로 쉽고 빠르게 글씨를 추가하고 꾸밀 수 있어, 썸네일 제작에 유 용합니다.

〈'글씨 팡팡'의 핵심 기능〉

• **다양한 글꼴 제공** 글씨 팡팡은 한글 및 영어 다양한 폰트를 제공하여 썸네일 주제에 맞는 글꼴을 선택할 수 있습니다. 가독성 높고 눈에 띄 는 글꼴을 선택하면 썸네일의 효과가 커집니다.

• **텍스트 그림자 효과** 텍스트에 그림자를 추가해 입체감을 줄 수 있어, 글자가 더 두드러지게 보입니다.

• **외곽선 효과** 글자 테두리를 강조하여 배경과 대비를 줄 수 있으며, 이 를 통해 텍스트 가독성을 높일 수 있습니다.

- **글자 색상 변경** 다양한 색상을 적용해 강렬하고 매력적인 썸네일을 만들 수 있습니다. 특히 대비가 큰 색상을 사용하면 시선을 끌기 좋습니다.

- **텍스트 크기 및 위치 조정** 텍스트 크기를 조절하여 강조하고 싶은 부분을 크게 만들고, 시선을 유도할 수 있습니다. 또한 텍스트 위치를 자유롭게 조정해 썸네일 전체 구성을 손쉽게 편집할 수 있습니다.

- **스티커 및 이모티콘 추가** 썸네일을 더욱 생동감 있게 만들기 위해 다양한 스티커나 이모티콘을 추가할 수 있습니다. 재미있는 요소를 넣어 시청자의 호기심을 자극할 수 있습니다.

- **배경 편집** 글씨 팡팡에서는 기본 배경 이미지나 색상을 선택해 텍스트와 조화롭게 어울리는 배경을 설정할 수 있습니다. 이를 통해 영상 주제를 잘 나타낼 수 있는 썸네일을 만들 수 있습니다.

- **간단한 사진 보정 기능** 썸네일의 배경이나 이미지에 밝기, 대비 조절 등의 보정 기능을 사용할 수 있어, 주제에 맞게 최적화된 이미지를 연출할 수 있습니다.

이러한 기능을 통해 글씨 팡팡은 매력적인 썸네일을 쉽게 만들 수 있는 도구가 됩니다."

유튜브 올리는 방법도 간단하고 키네마스터로 편집도 하고 글씨 팡팡으로 썸네일도 만들었으니 이제 유튜브 스튜디오를 알아야 한다.

"유튜브 스튜디오는 유튜브 채널 관리에 필요한 다양한 기능을 제공하는 공식 앱으로, 썸네일 설정부터 영상 관리까지 쉽게 할 수 있도록 돕습니다. 아래는 유튜브 스튜디오 앱 다운로드 방법, 썸네일 설정 법, 초보자가 꼭 알아야 할 기능에 대한 설명입니다.

1. 유튜브 스튜디오 앱 다운로드 방법

• **앱 스토어에서 다운로드**

• **안드로이드** Google Play 스토어에서 "YouTube Studio"를 검색하여 앱을 설치합니다. iOS: App Store에서 "YouTube Studio"를 검색하여 설치합니다.

• **로그인** 앱 설치 후 유튜브 계정으로 로그인합니다. 관리할 채널을 선택하면 영상 관리와 분석 기능을 사용할 수 있습니다.

2. 썸네일 올리는 방법

• **동영상 관리 페이지로 이동** 유튜브 스튜디오 앱에서 '콘텐츠' 메뉴를 선택하고, 썸네일을 설정할 동영상을 선택합니다.

• **편집 메뉴 선택** 동영상 상세 화면에서 '연필 모양(편집)' 아이콘을 클릭합니다.

• **썸네일 변경** 편집 메뉴에서 '썸네일 수정'을 선택하고, 기본 썸네일 중 하나를 선택하거나 '맞춤 썸네일'을 눌러 직접 만든 이미지를 업로드합니다.

- **저장** 썸네일을 선택한 후 '저장' 버튼을 누르면 썸네일이 업데이트됩니다.
- **참고** 맞춤 썸네일을 업로드하려면 유튜브 계정 인증이 필요합니다. 인증은 유튜브 웹사이트에서 가능하며, 전화번호로 본인 확인을 거쳐야 합니다.

3. 초보 유튜버가 꼭 알아야 할 유튜브 스튜디오

- **기능분석(Analytics)** 조회 수, 시청 시간, 구독자 수 변화 등을 통해 동영상 성과를 확인할 수 있습니다. '잠재 고객'과 '참여도' 탭에서 시청자가 언제 이탈하는지, 어떤 콘텐츠가 인기가 있는지 파악하면 콘텐츠 개선에 도움이 됩니다.
- **댓글 관리** 업로드된 영상의 댓글을 쉽게 확인하고 답변할 수 있습니다. 시청자와의 소통은 구독자를 늘리는 데 중요한 역할을 하므로, 댓글에 적극적으로 응답하는 것이 좋습니다."

무엇이 필요하고 어떻게 사용하는지는 궁금하면 유튜브에 검색하거나 인공지능에 물어보면 다 나오니 기본 자금 없는 무일푼 상태라 하더라도 얼마든 시작이 가능하다. 이제 기본적인 것을 알아보았고, 또 하나 반드시 배워야 하는 것이 '줌' 활용이다.

"줌(Zoom) 앱은 간편하게 화상 회의, 화면 공유, 채팅 등의 기능을 제공하여 원격 미팅을 효율적으로 진행할 수 있게 돕는 도구입니다. 아래는 줌 다운로드 방법, 화상 회의 시작 방법, 채팅 및 화면 공유 방법, 호스트로서 알아두면 좋은 핵심 팁을 정리한 내용입니다.

1. 줌 앱 다운로드 방법

- **앱 스토어에서 다운로드**
- **안드로이드** Google Play 스토어에서 'Zoom Cloud Meetings'를 검색하여 앱을 다운로드하고 설치합니다.
- **iOS** App Store에서 'Zoom Cloud Meetings'를 검색하여 설치합니다.
- **PC 버전** Zoom 공식 웹사이트(zoom.us/download)에서 'Zoom Client for Meetings'를 다운로드하여 설치합니다.
- **회원가입 및 로그인** 줌 앱을 실행한 후 구글 계정, 페이스북 계정, 또는 이메일 주소로 회원가입할 수 있으며, 로그인 후 회의를 시작하거나 참여할 수 있습니다.

2. 화상 회의 시작 및 참여 방법

- **회의 시작하기(호스트) 회의 시작** 앱에서 '새 회의'를 선택한 후, 즉시 회의를 시작할 수 있습니다.
- **초대하기** 회의 화면 하단의 '참가자' 메뉴에서 '초대'를 선택해 초대 링크를 복사하거나 이메일, 메시지로 초대장을 보냅니다.

- **회의 참여하기(참가자)** 줌 앱 실행 후 '참가' 버튼을 클릭하고, 호스트가 제공한 회의 ID를 입력한 후 '참가' 버튼을 눌러 입장합니다.

3. 채팅 기능 사용법

- **회의 중 채팅** 회의 화면 하단의 '채팅' 버튼을 클릭하면 채팅창이 열리며, 모든 참석자와 메시지를 주고받을 수 있습니다.
- **대상 지정** 원하는 특정 참가자에게만 메시지를 보내고 싶을 경우, 채팅창에서 '대상'을 선택하여 모두에게 또는 개인 메시지로 보낼 수 있습니다.

4. 화면 공유 방법

- **화면 공유 시작** 회의 중 화면 하단의 '화면 공유' 버튼을 클릭하고, 공유하고자 하는 화면(전체 화면, 특정 앱 화면 등)을 선택합니다.
- **공유 옵션 설정** 원하는 화면을 선택한 후 '공유' 버튼을 누릅니다. 이때, 화이트보드와 같은 기능을 사용할 수도 있습니다.
- **공유 종료** 화면 공유를 끝내려면 상단에 나타나는 '공유 중지' 버튼을 클릭합니다.

5. 호스트 핵심 팁

- **회의 제어 기능** 호스트는 참가자를 관리하고 회의의 원활한 진행을 위해 여러 제어 기능을 사용할 수 있습니다. 예를 들어, 참가자 음소거/음

소거 해제, 비디오 시작/중지 등의 권한을 조정할 수 있습니다.

- **대기실 설정** 대기실 기능을 활성화하면 참가자가 회의에 들어오기 전 대기 상태가 되며, 호스트가 승인한 사람만 입장할 수 있습니다.

- **참가자 관리** 회의 중 '참가자' 탭에서 참가자 목록을 확인하고, 필요시 특정 참가자를 회의에서 제거하거나 입장을 제한할 수 있습니다.

- **녹화 기능 사용** 회의 내용이 중요하거나 기록이 필요한 경우 '녹화' 버튼을 눌러 회의를 녹화할 수 있습니다.(녹화 기능은 호스트 또는 호스트가 권한을 부여한 참가자만 사용할 수 있습니다.)

- **화면 공유 제한** 설정에서 호스트만 화면 공유할 수 있도록 제한할 수 있습니다. 이를 통해 불필요한 화면 공유를 방지할 수 있습니다. 이러한 기능과 팁을 사용하면 줌을 통해 효율적이고 원활하게 화상 회의를 진행할 수 있습니다."

이러한 앱 활용 능력이 없을 때는 정보를 찾고 전달하기 위해서 전국 팔도를 차량, 기차, 비행기 등 다양한 교통편을 통해 시간과 비용을 들이며 다녔다. 그러나 이제는 집 밖을 나설 필요조차 없다. 특별한 일이 아니라면 모든 것이 스마트폰 하나로, 집 거실에서 편안한 복장과 편한 자세로, 언제든지 서울, 부산, 대전, 인천, 광주, 울산 심지어 해외에 있는 그 누구와 소통하는 데도 문제가 없다.

가상 화폐 투자에 필요한 앱 활용하기

마지막으로 알아두어야 할 것들이 미래 먹거리라 할 수 있는 비트코인, 이더리움과 같은 가상 화폐 투자다. 지금 비트코인의 경우 그 가치가 1억 5천을 훌쩍 넘겼고, 더 많이 오를 거라고들 전문가들이 이야기한다. 이제는 필수적으로 알아야 할 투자 대상 중 하나인데, 초보자나 아예 모르는 이들을 위해 스마트폰에 설치해야 할 것을 설명하고 마치고자 한다.

케이뱅크K Bank

1. 케이뱅크 다운로드 방법

· **앱 스토어에서 다운로드**

· **안드로이드** Google Play 스토어에서 'K Bank'를 검색하여 앱을 다운로

드합니다.

- **iOS** App Store에서 'K Bank'를 검색하여 앱을 설치합니다.

- **앱 실행** 다운로드가 완료되면 앱을 실행합니다.

2. 계좌 개설 방법

- **회원 가입** 앱을 처음 실행하면 회원 가입 화면이 나타납니다. '회원 가입' 버튼을 클릭합니다.

- **개인정보 수집 및 이용 동의** 필요한 개인정보 수집 및 이용에 동의합니다.

- **본인 인증** 본인 인증을 위해 신분증(주민등록증, 운전면허증 등)을 준비하고, 인증 방법(휴대폰 인증, 신분증 사진 업로드 등)을 선택합니다. 휴대폰 번호 인증을 통해 본인 인증을 완료합니다.

- **계좌 선택** 개설할 계좌 유형을 선택합니다.(예: 입출금 통장, 적금 통장 등)

- **기본 정보 입력** 기본 정보를 입력합니다.(예: 이름, 생년월일, 주소, 직업 등)

- **약관 동의** 계좌 개설과 관련된 약관을 읽고 동의합니다.

- **계좌 개설 신청** 모든 정보가 정확히 입력되었는지 확인 후 '계좌 개설 신청' 버튼을 클릭합니다.

- **계좌 개설 완료** 계좌 개설이 완료되면 계좌 정보가 제공됩니다. 앱에서 확인할 수 있으며, 계좌번호도 확인 가능합니다.

3. 추가적인 정보 카드 신청

케이뱅크에서 제공하는 체크카드나 신용카드를 신청할 수 있으며, 카드 발급도 앱을 통해 간편하게 진행할 수 있습니다.

- **서비스 이용** 계좌 개설 후에는 송금, 이체, 적금, 대출 등 다양한 금융 서비스를 이용할 수 있습니다. 이러한 절차를 통해 쉽게 케이뱅크 계좌를 개설하고, 편리한 금융 서비스를 경험할 수 있습니다.

업비트Upbit

1. 업비트 앱 다운로드 방법

- **안드로이드 사용자** Google Play 스토어를 열고 'Upbit' 또는 '업비트'를 검색합니다. 업비트 앱을 찾아 '설치' 버튼을 클릭하여 다운로드합니다.
- **iOS 사용자** App Store를 열고 'Upbit' 또는 '업비트'를 검색합니다. 업비트 앱을 찾아 '받기' 버튼을 클릭하여 다운로드합니다.
- **PC 사용자** 웹 브라우저를 통해 업비트 공식 웹사이트(upbit.com)에 접속하여 웹 버전을 사용할 수 있습니다.

2. 회원 가입 및 KYC(고객 확인) 방법

- **앱 실행** 설치 완료 후 업비트 앱을 실행합니다.
- **회원 가입** 메인 화면에서 '회원 가입' 버튼을 클릭합니다. 서비스 이용 약관 및 개인정보 처리 방침에 동의합니다.

- **휴대폰 인증** 휴대폰 번호를 입력하고, SMS로 전송된 인증 코드를 입력하여 본인 인증을 진행합니다.
- **이메일 인증** 가입한 이메일 주소로 전송된 인증 메일을 확인하고, 이메일 인증 링크를 클릭합니다.
- **기본 정보 입력** 성명, 생년월일, 성별 등의 기본 정보를 입력합니다.
- **KYC 절차** 신분증(주민등록증, 운전면허증 등)을 촬영하여 업로드합니다. 얼굴 인증을 위해 얼굴 사진을 촬영하여 제출합니다.
- **계좌 연결** 본인 명의의 은행 계좌 정보를 입력하고 연결합니다.
- **가입 완료** 모든 절차가 완료되면 가입이 완료되며, 로그인 후 거래를 시작할 수 있습니다.

3. 업비트의 핵심 기능

- **거래소 기능** 다양한 암호화폐를 거래할 수 있는 기능을 제공하며, 매수 및 매도 주문을 실시간으로 진행할 수 있습니다.
- **차트 분석** 고급 차트 기능을 제공하여 시세 변동을 분석하고, 기술적 지표를 활용할 수 있습니다.
- **입출금 관리** 쉽고 빠른 입출금 기능을 통해 원하는 암호화폐를 손쉽게 관리할 수 있습니다.
- **시장 정보 제공** 실시간 시세 정보, 거래량, 시가총액 등을 제공하여 사용자가 시장 동향을 쉽게 파악할 수 있도록 돕습니다.
- **지갑 기능** 각 암호화폐에 대한 지갑 기능을 제공하여, 사용자가 직접

보유한 자산을 안전하게 관리할 수 있습니다.

- **이중 인증(2FA)** 보안을 강화하기 위한 이중 인증 기능을 제공하여, 계정의 안전성을 높입니다.
- **뉴스 및 공지 사항** 최신 암호화폐 뉴스 및 업비트 관련 공지 사항을 확인할 수 있어, 정보의 흐름을 놓치지 않을 수 있습니다. 이러한 기능을 통해 업비트 앱은 사용자에게 직관적이고 편리한 암호화폐 거래 환경을 제공합니다.

바이비트Bybit

'바이비트Bybit'는 인기 있는 암호화폐 파생상품 거래소입니다.

1. 바이비트 회원 가입 방법

- **웹사이트 방문** 바이비트 공식 웹사이트(bybit.com)에 접속합니다.
- **회원 가입** 오른쪽 상단의 '가입' 버튼을 클릭합니다. 이메일 주소 또는 전화번호를 입력하고, 비밀번호를 설정합니다. 이용약관에 동의 후 '가입' 버튼을 클릭합니다.
- **이메일/전화 인증** 입력한 이메일 또는 전화번호로 전송된 인증 코드를 확인하고 입력합니다.
- **가입 완료** 모든 절차가 완료되면 가입이 완료됩니다.

2. KYC 방법

- **로그인** 바이비트에 로그인합니다.

- **KYC 페이지로 이동** 사용자 프로필 아이콘을 클릭한 후, 'KYC 인증' 또는 '신원 확인' 메뉴를 선택합니다.

- **신분증 업로드** 필요한 개인정보를 입력하고, 신분증(주민등록증, 여권 등)을 촬영하여 업로드합니다.

- **얼굴 인증** 요청되는 경우, 얼굴 인증을 위한 사진을 촬영하여 제출합니다.

- **KYC 완료** 모든 정보가 제출되면 바이비트의 검토 과정을 거치고, 승인되면 KYC 인증이 완료됩니다.

3. 업비트와 계좌 연동 방법

- **업비트 로그인** 업비트 앱 또는 웹사이트에 로그인합니다.

- **계좌 관리 메뉴** 상단 메뉴에서 '지갑' 또는 '계좌 관리'를 클릭합니다.

- **API 관리** API를 사용하여 바이비트와 연결할 수 있습니다. API 키를 생성하려면 설정 메뉴로 이동하여 API 관리 섹션을 찾습니다. 새로운 API 키를 생성하고 필요한 권한을 설정합니다.

- **API 키 입력** 바이비트에 로그인한 후, API 키를 입력하여 업비트와 연결합니다.

- **연동 완료** 모든 설정이 완료되면 업비트와 바이비트 간의 연동이 완료됩니다.

- **추가 팁보안 설정** 두 플랫폼 모두 이중 인증(2FA) 설정을 활성화하여

보안을 강화하는 것이 좋습니다.

• **거래 수수료** 거래를 시작하기 전 각 플랫폼의 거래 수수료를 확인하세요. 이러한 절차를 통해 바이비트에서 쉽게 회원 가입하고 KYC를 완료한 후, 업비트와 계좌를 연동할 수 있습니다.

이런 모든 준비를 마치면 이제 돈 벌 일만 남았다. 무슨 일을 해서 돈을 벌 것인지는 본인의 선택이지만, 내가 직접 경험한 '무일푼으로 시작한 1인 지식기업'은 최신 정보와 기술로 한 명이라도 더 많은 이들에게 지식과 부를 동시에 쌓는 기회를 제공할 것이다. 이 책을 보고 오시는 분 100분에게 가장 핫 한 정보와 시드머니 20,000원으로 무료 제공하고자 한다. 우리 다 함께 프로페셔널한 억대연봉자로 가는 길을 함께 연구해 보자.

　- 1인 지식기업 창의적인 플랫폼 창시자 Willis Jung 정영신
(gostar114@naver.com)

 • **소통 방법** 카카오아이디 willisjung 검색 이후, 고려대명강사 정영신 님~ 연락 주시면 됩니다.

CHAPTER 13

제2의 인생,
어떻게 살 것인가

삶은 예측할 수 없는 파도와 같아,
때로는 맞서 싸우고 때로는 흘러가는 법을 배워야 합니다.
삶은 완벽이 아니라 성장을 추구하는 여정이며,
그 과정에서 진정한 자신을 발견하게 됩니다.

주양선

Mobile 010-9092-7978
Email jys2124@naver.com

학력 및 경력사항

- 고려대명강사최고위과정 20기 윤리위원장
- 순창고등학교 졸업(전북 순창)
- 한국방송통신대학교 법학과 졸업
- 한세대학교 경찰법무대학원 경찰학 석사 졸업
- 한세대학교 일반대학원 경찰학과 박사 졸업
- 제17대 대선후보 행정지원팀장 및 선발 경호팀장
- 제주아셈 롯데호텔숙소 캄보디아 총리 경찰 경호팀장
- 서울 핵안보정상회의 영국 부총리 경찰 경호팀장
- 헌법재판소 이정미 주심 재판관 경호팀장
- 2019 경찰청 제3기 동료강사 선발
- 2019~2020 중앙경찰학교 정보실무 특강
- 경찰청, 서울청, 경기남부청 경찰관 채용 면접위원
- 2020 한세대평생교육원 범죄수사학 인지면담론 강의
- 2020~ 현재, 한세대 경찰학 석, 박사 총동문회 3기회장
- 2021 한세대평생교육원 범죄수사학 용역경비론 강의
- 2024 한세대 드론 아카데미 군, 경 특임교수
- 2024 국제드론 탐정사 경기남부연합회장
- (사) 한국경비지도사 협회 전임 강사
- (사) 커리에듀 지식능력개발원 전임 강사
- (사) 지식능력개발원 전임 강사
- (사) 내일 지식능력개발원 강사 위촉
- 경찰청 경우회 경비교육원 전임 강사

자격 사항

- (사)대한합기도협회, 서울협회 사범 자격 취득(4단)
- 제2회 일반경비지도사 자격 취득
- 방화관리자 2급 자격 취득
- 신변안전관리사 자격 취득(경호경비 및 신변보호 업무)
- 경봉술 3단 취득(한국경봉술협회장)
- 국제드론민간조사사 위촉(국제드론민간조사연합회장)
- 민원행정 상담인증서(전국행정사협회장)
- 다문화가정 상담 인증서(전국행정사협회장)
- 안전교육전문강사 1급, 2급(한국중독예방힐링센터)
- 김선국변호사·태양행정사, 태양탐정연구소 업무협약서 체결
- 태양행정사, 태양 탐정연구소 세무서 등록
- 학교안전지도사/학교폭력예방상담사 1급
- 법무부 출입국 대행기관 교육 이수
- 야탑3주민센터 주민자치위원 위촉
- 명강의명강사/리더십지도사 1급
- 심리상담사/스피치지도사/기업교육강사 1급
- 평생교육강사/인성지도사
- 부모교육상담사/노인교육강사 1급
- 노인돌봄생활지원사 1급(한국자격인증교육원장)
- 병원동행지도사 1급(한국자격인증교육원장)
- 야탑3동 주민자치위원장 선출 내정

저서

- 요인테러와 경호법안 연구(석사 논문)
- 민간경비원 법, 제도적 인식수준과 직무만족에 관한 실증적 연구(박사 논문)
- 고려대 명강사 25시(공저): 제2의 인생, 어떻게 살 것인가

60살 넘어 직장 잡기는
하늘의 별 따기

정년과 명예퇴직으로 인해 사람 대부분은 60세를 넘기면 직장에서 물러나게 된다. 그러나 퇴직 후에는 대부분 찾아주는 곳이나 갈 곳도 별로 없다. 그래서 '무엇을 할 것인가?'라는 고민을 한 번쯤은 하게 된다. 특수직이나 전문직에 종사했던 사람들은 그나마 전공을 살려 개인이든 법인 사무소 개업을 하고, 또는 고문으로 활동할 기회가 있지만, 일반직들은 직업 구하는 일이 하늘의 별 따기다.

특히 경찰공무원들은 더욱 심한 편에 속한다. 한 예로 어느 업체에 경비원으로 가려고 해도 그냥은 갈 수가 없다. 경비교육원에서 약 9만~12만 원의 교육비를 내고 24시간 교육을 수료한 후라야 채용될 수 있는 구조다. 그래서 대개 자리가 없어도 막연한 기대 심리 하나로 교육을 받거나, 인터넷이나 시청 또는 구청의 홍보지를 통해 일자리가 있는지 알아본다. 더욱이 인맥이 없다면 어디를 가려 해도 쉽지 않다. 경비원으로 취업을 했다 치더라도 보통 격일 근무 또는 3교대 근무인데 임금수준도 적정 수준보다 낮은 최저임금 수준이지만 그럼에도 불구하고 경비업체의 눈치를 보며 6개월에서 1년씩 근무를 이어가는 것이 현실이다.

연령으로 인한 경력 단절은 외국인의 경우에도 동일하게 작용한다. 외국인 노동자들도 보통 최저임금을 받고 공사 현장이나 식당에서 일을 하지만 60세가 넘으면 일자리를 찾는 것이 거의 불가능해진다. 이렇듯 내·외국인을 넘어 나이 육십과 퇴직은 개인의 의지를 떠나 근로 연령의 한계로 작용한다. 경비회사에 10번 넘게 지원 했지만 연락이 오고 취업했다는 소리는 거의 들어보지 못했다. 회사 측에서는 한 살이라도 젊은 사람을 뽑지 60살이 넘어 고용 대상에서 제외되는 사람을 선호할 리 없다. 저 또한 20대에 경찰공무원으로 시작해 37년을 근무하고 퇴직했지만, 경비 회사마저 취업이 쉽지 않다. 한 살이라도 젊은 사람을 선호하는 채용 관행 속에서 60세가 넘은 사람들은 점점 설 자리를 잃어가고 있다. 생계에 대한 걱정은 현실적이고 시급한 문제이다. 가족들의 지지가 느슨해지고 있다는 불안감이 피부로 와닿기도 한다. 이것이 정년과 명예퇴직을 앞둔 대한민국 60대 남성들의 자화상이다. 내일이라도 출근할 수 있는 일자리, 비록 큰돈은 아니더라도 용돈 정도

는 벌 수 있는 직장이 있다면 더할 나위 없이 좋겠다는 바람이 간
절하다.

2014. 12. 9. 헌법재판소 이정미 주심 재판관과 경호팀과 같이

주양선 경찰학 박사만의 캐릭터와 로고를 꿈꾸며

    간단히 나의 소개를 하자면, 나는 전북 순창에서 시골 고등학교를 졸업 후 바로 의무경찰로 군에 입대하였다. 육군 35사단에서 4주간 기초 군사교육을 받은 후, 경찰종합학교에서 4주 교육을 수료하였다. 인천경찰청과 부평경찰서 동부파출소에서 3개월 근무 후 고향 선배의 도움으로 모 경찰서 상황실에 배치받아 36개월을 복무하고 제대하였다. 고졸은 갈 데가 많지 않던 시절인지라 경찰관 시험을 준비하고선 6개월 후 운 좋게도 청와대 101경비단에 합격하게 된다. 2년 근무 후에는 혜화, 송파, 수서, 강동 등 서울 경기 일대의 일선 경찰서들 중심으로 36년 8개월간 근무하고 얼마 전 퇴직하였다.

    경찰 근무 시절 중에는 제17대 모 대통령 후보의 행정지원 팀장 및 선발 3팀장으로도 근무하였으며, 제주에서 열렸던 아셈 정상회의에서는 각국 정상 중 캄보디아 훈센 총리 숙소 경호팀장을 하였다. 핵안보정상회의가 열렸던 때에는 여러 국가 가운데 영국 귀빈의 경호팀장을 하였다. 일선에 있을 당시 송파서 파출소 근무 시에는 운 좋게도 정보보안과 자리가 비어 서무 반장으로 근무를 시작하였고, 정년 임박해서는 경기 광주서와 성남 중원서를 거치며 그간 정들었던 경찰공무원 생활을 마치게 된다.

오랜 경찰공무원 재직 기간 동안 가족만큼은 언제나 든든한 지원군이자 힘이 되었다. 퇴직 직후 몇 개월 쉬고 나서 경찰청 경우회 산하의 경비교육원과 태평동 지식 능력개발원에서 경비원들을 대상으로 3과목 정도 강의를 한 바 있으며 현재까지 그 업무는 지속되고 있다. 앞으로는 경비원 중심의 강의로 서울 벤처대학원 대학교에서 탐정학을 강의할 예정이며, 춘천 송공대 경찰 탐정 경호학과 교수로 가기 위해 면담 중이다. 사업체로는 태양탐정사무소 및 태양행정사 사무실을 개소하여 운영 중이며 나만의 특화된 개인 캐릭터와 로고를 만들어보고 싶다.

1984. 7. ~ 1987. 7. 인천청 부평경찰서 상황실 의경 시절 근무 모습

1988. 8. 청와대 101 경비단 전입 후
철책 근무 중 모습

2012. 3. 26. 서울핵안보정상회의 경호 종료 후
영국 부총리 경호팀과 함께
인천공항 대기실에서 마지막 한 컷

재충전을 위한
우즈벡 여행기

　두 달간의 휴가를 내서 재충전하는 동안에 갑자기 여행을 가자고 하여, 24년 5월 중순쯤 방이동의 모 형님과 같이 15일 동안 우즈베키스탄과 카자흐스탄을 여행하게 되었다. 여행 일정은 전날 갑자기 정해진 것이어서 여행 자체가 나에게는 무척이나 반갑고 또한 설레었다. 비행기에 몸을 싣고 인천에서 우즈베키스탄까지 6시간 하늘을 날아 우즈베키스탄에 도착해보니 날씨가 생각보다 무더웠기에 피곤한 하루였다. 공항에 도착하여 형님의 지인이 공항에 나오기로 했었는데 나오지 않아 전화를 하니, 나망간이라는 도시에서 새벽에 오는 도중 교통사고로 차량이 1/3 정도가 파손되었다고 한다. 그나마 사람은 크게 다치지 않아서 천만다행이었다. 나망간이라는 도시는 우리나라 부산 정도의 도시 크기로, 인구는 부산보다 더 많고 면적은 더 크다. 그 형님의 사업체인 송파구 별미곱창에서 근무했던 우즈벡 유학생들이 적어도 30명이 족히 넘는다고 한다. 17년 넘게 곱창집 영업을 했으니, 종업원으로 일하다 귀국한 직원들이 많기도 하다.

우즈벡을 여행하는 동안 총 7곳의 집을 들러본 기억이 난다. 수도를 제외한 나머지 주변 도시는 대부분 우리나라 70년대 후반의 농촌과 도시가 혼합된 전형적인 무슬림의 도시이다. 여행하는 동안 내내 함께해 준 카밀과 압둘이라는 두 친구에게 감사 인사를 드린다.

나망간의 작은 호텔과 무슬림 화장실이 기억에 생생하다. 페르가나의 포도나무, 안디잔의 들판, 수도 타쉬켄트에 있는 전통시장, 초르수 바자르 시장을 거쳐 카자흐스탄 국경을 육로로 넘어서 알마티에서 저녁과 차를 마시고, 세 시간 후 다시 나망간으로 돌아왔다.

며칠 후 역사가 살아있는 사라마칸트의 옛 왕궁을 방문하였는데 주민들이 살고 있는 곳을 구경해 보니 우리나라의 경주와 비슷하다. 주변 부하라의 끝없는 초원을 바라보며 많은 생각을 하였다. '앞으로 어떻게 살 것인가'를 고민하면서 15일간의 우즈베키스탄을 여행을 마치고 귀국하였다.

외국 여행을 15일 동안 한 번에 다녀온 것은 나의 여행 일기 중 이번이 처음이다. 형님의 성함은 임기환으로, 별미 곱창을 운영 중

이시지만 인덕이 후덕하고 워낙 존경하는 터인데 우즈벡 여행에
도 큰 도움을 주셨다. 형님에게 이 글을 빌려 다시 한번 깊이 감사
인사를 드린다.

제2의 도전

　퇴직 후 여행을 마치고 3개월을 지내다 보니 어느덧 일을 하지 않고 쉬는 것이 쉽지 않다는 것을 깨닫게 되었다. 배운 게 도둑질이라고 재직 당시 경찰학 박사학위와 경비지도사 자격증이 떠올라 이력서를 작성하여 10곳 넘게 지원서를 냈지만, 연락이 없었다.

　이에 포기하고, 사단법인 경비지도사 협회에 전화를 걸어 취업하는 방법과 어떻게 해야 재취업에 도움이 되는지 알아보았다. 하지만 마찬가지로 별다른 조언을 듣지 못해 협회에 회원 가입 및 협회비 입금 후 이메일로 모아둔 자료를 보내고 얼마나 지났을까? 경력이 없으니 현장 경비지도사는 안 되고 박사학위와 경비지도사 자격증이 있으니, 강의를 해 보면 어떠냐고 주문이 왔다. 이에

2013년도 하반기 한세대 경찰학 박사 졸업식 사진

강사를 하겠다고 대답하고선 필요한 서류와 자료를 제출하였지만, 또 답이 없었다. 기다리는 중, 서울청 경우회에서 큐싱 관련 강사를 뽑는다고 하는데, 조건은 강의 경력이 있어야 한다고 해서 3년 정도 강의 경력과 함께 지원하였다. 서울청 경우회 산하에 10명이 지원하여 첫 번째 워크숍에는 가지 못했다. 송파경우회에 신청하였으나 중간에 착오가 생겨서 연락이 오지 않았는데 누락되었다고 한다. 그래서 바로 회장과 직접 연결되어 전화 통화 후 두번째 회의 때부터 만남이 이루어졌다. 그곳에서 1차 교육 후 서로 통성명과 연락처를 교환하고 내가 제일 나이가 어려 총무를 부탁하기에 수락하였다.

그 기회로 김석건 특임교수를 만나게 되고, 1차 때는 서로 눈치만 보다가 워크숍이 종료되었고 2번째 워크숍 때 김석건 교수님과 시간이 되어 이런저런 이야기 끝에 고려대명강사최고위과정을 알게 되었다. 나더러 한번 해 보면 어떠냐는 권유에 어차피 찬밥 더운밥 가릴 처지가 아닌지라 알겠다고 답을 하여 고려대명강사최고위과정 20기에 입학하게 되었다.

우연인지 그 인연으로 은평에 있는 커리에듀 경비교육원과 길음에 있는 내일 지식 능력개발원에 소개받았다. 그런데 은평 커리에듀 교육원은 잠시 쉰다고 하여 혼자 고민하고 있었는데 태평역에 지식 능력개발원의 플래카드가 붙어 있었다. 강의를 신청하니 이메일로 지원서 제출 약 3주 후 심사 결과를 지식 능력개발원 백실장님을 통해 전달받았다. 원장님께 최종 면접을 보던 중 면접 이력서를 보시고 고향이 순창이냐고 해서 "그렇습니다."라고 대답하니 자신은 김제시라며 보다 호의롭게 봐주셨다. 최종 면접을 거친다음 강의에 들어가게 되었는데 처음에는 '장비 사용법' 한 과목을 배정받아 9월 초부터 강의하고 있다.

그곳에서 강의하시던 선배님이 pay도 적고 집이 멀어서 그만두셨다는 말을 나중에 들었다. 하지만 나에게는 크나큰 행운이고 즐겁고 보람찬 일이라는 생각에서 앞으로 15년에서 20년간은 열심히 강의를 해 볼 생각이다. 한 곳을 더 배정받아 3곳 정도 강의를 하여 경비교육원 교육자들과 함께 호흡하며 지낼 것이다. 교육생중에 나이가 많으면 형님으로 적으면 동생으로 함께 호흡하며 37년 가까이 근무해 온 경력과 노하우를 바탕으로 이론에 접목하여 실무 강의에 전달할 예정이다. 준비하고 또 준비해서 비록 2~3시간 강의지만 현장에서 잘 적응해서 생활하는 데 어려움이 없도록 할 방침이다.

교육이 끝나면 끝이 아니라 함께 호흡하고 같이 근무한다는 생각으로 언제든지 전화기를 열어두고 어려움이나 애로사항이 생기면 도와줄 생각이다. 그래서 태양 행정사와 태양 탐정연구소를 세무서에 등록하여 언제든지 도와줄 생각으로 지내고 있다. 나에게 교육을 받은 분이면 누구나 도움을 주고 싶다.

제2의 인생이 시작된 지 이제 막 2달째이다. 고향 선배들 가운데 어떤 이는 경찰관 물을 빼려면 3년이 지나야 한다고 한다. 어떤 이는 1년간 쉬면서 지내다가 다시 일을 시작함이 좋다고 하고, 경찰모 후배는 연금 받으면서 뭐 하러 일을 하냐고 쉬라고 한다. 그중 김석건 특임교수는 지금부터 열심히 해서 20년은 현장에서 강의를 하면서 지내라고 조언하신다.

누구의 말이 정답인지는 모르지만, 최종적으로는 내가 결정하여 행동으로 옮길 일이다. 지금은 경기가 좋지 않다고 모두 아우성이다. 다들 힘들다고 하지만 언제는 경기가 좋아서 좋고, 언제는 경기나 나빠서 안 좋고 그렇던가! 다만 이렇게 어려운 시절이라면 가능한 한 친구나 주변 지인들을 찾아가길 자제하고 연락도 자중함이 좋지 않을까 생각된다. 지금까지 고향 선후배와 주변 지인들에게 많이 베풀고 살아왔고 앞으로도 그렇게 살고 싶은 바람이다.

크게 욕심내지 않고 한 걸음 한 걸음씩 걸어 나아가는 것. 숨이 차고 지치고 힘들면 쉬면서 한 계단 한 계단 걸어서 갈 것이다. 그러기에 오늘도 3과목의 자료를 준비하면서 밤늦도록 ppt로 만들고 또 연습하고 있다. 이것이 나의 생계와 연결되리라 생각하지 않았는데 두 달이 다 되어가니 어쩔 수 없음일까. 강의 자료 준비와 연습에 매달리게 되는 것을 나 스스로 보게 된다. "나도 별수 없는 속물이구나!" 벌써 강의 자료에 매몰되어 자료를 수정하고 또 다른 깊은 언어로 해석하고 벌써 '강의 인생이 되어가는구나.'라는 자조 섞인 한숨을 내쉰다.

강의를 위해 노트북을 사용하는데 얼마 전 10년 넘게 사용하던 노트북이 구동이 잘 안되었다. 잦은 멈춤으로 수리점에 가서 사장에게 물어보니 10년 넘게 써서 이제는 바꾸어야 한단다. 이에 경찰 명퇴 기념으로 일명 '강천회' 선후배에게 받은 행운의 열쇠를 잠시 돌려 노트북을 사는 데 투자했다. 구형 노트북에는 미안한 마음이지만 어쩔 수 없다. 100만 원의 거금을 들여 삼성 노트북으로 바꾸었다. 그러고 보니 모든 것에는 때가 있나 보다. 지금 노트북을 사서 공부하고 강의를 준비하고 있는데 고려대명강사최고위과정 20기의 수업 겸 6일째 사용 중이다.

보이스 피싱: 당신도 주민등록번호 쉽게 바꿀 수 있다

그간 오랜 경찰 경력 과정을 활용해 사무실을 운영하고 경비교육을 하면서 느끼는 점 중 최근까지도 빈번하게 진화되어 가고 확산해 가고 있는 여러 가지 사건, 사고들이 있다. 그중 금융 부분의 보이스 피싱 문제는 특히 심각하다. 그간 현장 경험에서의 전문성과 경험을 토대로 스마트폰이나, PC, 전화 등을 통한 보이스 피싱 사기들에 대처할 수 있는 TIP을 몇 가지로 정리해 독자들에게 전달해 드리고자 한다.

일상생활에서 거의 모든 사람들의 핸드폰, 노트북 등 전자 장비가 타인들의 사기 위험에 노출되어 있다. 반갑지 않은 사실이지만 무심코 걸려 온 전화 한 통, 반가운 메시지 한 통, 카톡으로 범죄 피해의 대상자가 될 수 있다는 점을 항상 명심해야 한다. 보이스 피싱은 흔히 큐싱이라고도 하는데 자주 접하는 PC나 스마트폰에서도 클릭 한 번으로 크나큰 재산상의 손실이나 개인정보가 빠져나가는 피해를 볼 수 있는 것이다. 은행 예금, 적금이나 현금 강탈도 일어날 수 있는데 그로 인한 물질, 정신적 피해가 발생하면 오랫동안 고통받을 수 있다.

그중 가장 진화하고 피해가 큰 것은 스마트폰 전화 통화에 의한 피싱인데, 인지 기능이 취약한 고령층의 증가와 맞물려 그 추세는 가파르게 증가하고 있다. 전화로 특정인 또는 기관을 사칭, 가장하는데 유형을 중심으로 직접적인 예를 들어보면 대부분 다음과 같이 전화로 접근한다.

"여보세요~! ○○ 경찰 또는 금융감독원 ○○인데요. 당신 계좌가 범죄에 이용되었으니 더 큰 피해를 보지 않으려면 빨리 계좌번호와 비밀번호를 불러주세요."라고 유도하거나 아니면 "은행에 있는 돈 ○○원을 찾아서 본점 어디 어디로 보내라."라는 유형이다. 직접 누구에게 전달하라는 대범한 유형들도 있는데 "금융감독원 직원 ○○이 찾아가면 전달하여 맡겨라."라고 한다. 이러한 보이스 피싱의 전진기지들을 보면 대부분 동남아권의 방글라데시나 베트남, 필리핀 등에서 조직적으로 피싱 작업들이 이루어진다. 무작위 전화 또는 문자 발송으로 이루어지기도 하지만 주로 60 이상이 넘은 할아버지, 할머니 등 법을 모르는 사각지대 계층과 연령이 표적 대상이 된다. 특히 고령의 노인일수록 검찰, 경찰, 금감원이라고 하면 무서워하거나 두려운 나머지 전화에서 상대방이 시키는 대로 끊지 않고 행한다.

심각한 사실은 자영업자나 일반 사람들 중 피해를 보아도 신고를 하지 않거나 해도 돈을 찾을 수 없다는 이야기들을 전해 듣고 자포자기하거나 자살을 하는 경우들도 있다. 따라서 피싱이 발생한 즉시의 초동 대처가 상당히 중요한데 빠른 신고가 우선이다. 내가 현직에서 근무 당시 해결하고 자주 접했던 영역이기에 간단히 소개해 보자면 다음과 같다.

신고는 112 또는 경찰서 상황실, 사이버 수사대에 한다. 그렇게 되면 경찰서 수사과와 경제팀에서 피해 진술이 이루어지는데 보통 2시간 내외의 시간이 소요된다. 주요 내용으로는 전화기 개인정보 발송 내역, 계좌 송금 내역, 피해 내용 진술로 수사관이 피해사실을 전산 입력 후 최소 1~2시간 정도 지나면 "사건사고사실확인원"이 발급된다. 확인원은 담당자나 민원실 신청에서 발급해 준다. 피싱 당사자는 사건사고사실확인원을 가지고 시, 군, 구의 행정복지센터 또는 읍, 면, 동의 행정복지센터 민원 담당자에게 "보이스 피싱(큐싱)을 당해 개인정보와 금전적 피해를 보았다."라고 하면 주민등록 변경신청서를 준다. 주민등록 변경신청서가 중요한 이유는 다름 아닌 2차 피해를 차단하기 위함이다. 그런 후 당사자의 피해 사실을 적고 앞서 경찰서에서 발급받았던 사건사고사실확인원을 같이 제출한다. 이때 신청서와 피해 사실 확인원은 사본을 남겨둔다.

관할 시, 군, 구 등에 접수된 서류는 시청, 도청으로 이송 후 최종적으로 행자부 주민등록 변경위원회(세종시 소재)에 서류가 전달된다. 이후 장관(교수)급을 위원장으로 하고, 차관급을 부위원장과 교수, 변호사, 경찰 출신 12명을 위원으로 하는 주민등록 변경위원회의 심의가 열린다. 기간은 최소 1개월에서 3개월가량 소요가 되는데 이 과정에 다국적 조사관이 파견되고 경찰 등 여러 관계 부처에서 조사 진행된다. 조사 마무리 후 월 2회 다시 회의를 열어 위원장과 위원이 조사관에게 질문 등을 사실 확인한 후 주민등록변경은 적/부가 이루어진다.

이와 같이 심사가 철저히 이루어지는 이유는 간혹 마약이나 사기, 폭력 전과자나 경제사범들이 이를 악용하여 신청하는 경우도 있기 때문이다. 다른 한편으로는 법원에서 개명하거나 이민, 외국 영주권 취득자가 증가함에 따라 이중국적자가 많아지는 우려를 미연에 방지하기 위함이다. 주민등록번호가 변경되면 불편한 점이 한 가지 있는데 주민등록증, 면허증, 보험 증권 등 약 100가지의 서류 갱신이 진행된다. 하지만 앞서 말했듯이 이를 감수하고서라도 주민등록번호를 변경하는 것은 2차 피해를 막기 위해서니 관련 사항을 잘 알아두면 도움이 될 것이다.

개강일

소화재 타임

워크숍

수업사진

고려대 명강사

명강사

최고위과정 20기

1판 1쇄 펴낸날 2024년 12월 28일

지은이 구경희 · 김경학 · 배명근 · 배예랑 · 신은주 · 유병태 · 유연서 ·
　　　　이두안 · 이지현 · 이치연 · 장선옥 · 정영신 · 주양선
펴낸이 나성원
펴낸곳 나비의활주로

책임편집 김정웅
디자인 BIG WAVE

전화 070-7643-7272
팩스 02-6499-0595
전자우편 butterflyrun@naver.com
출판등록 제2010-000138호
상표등록 제40-1362154호
ISBN 979-11-93110-54-6 03320